丝绸之路

丝绸之路

张一平 著

五洲传播出版社

图书在版编目（CIP）数据

丝绸之路 / 张一平著. -- 北京 : 五洲传播出版社，2023.1

ISBN 978-7-5085-4961-3

Ⅰ. ①丝… Ⅱ. ①张… Ⅲ. ①丝绸之路－介绍 Ⅳ. ①K928.6

中国版本图书馆CIP数据核字(2022)第227526号

丝绸之路

著　　者：张一平
学术顾问：姜义华
特约编辑：王若行
责任编辑：黄金敏
装帧设计：田　林　李雁冰
制　　作：北京尚捷时迅文化艺术有限公司
出版发行：五洲传播出版社
地　　址：北京市海淀区北三环中路 31 号生产力大楼 B 座 6 层
邮　　编：100088
发行电话：010-82005927　010-82007837
网　　址：http://www.cicc.org.cn　http://www.thatsbooks.com
印　　刷：北京市房山腾龙印刷厂
版　　次：2023 年 3 月第 1 版第 1 次印刷
开　　本：710 × 1000 毫米　1/16
印　　张：10.5
字　　数：110 千字
定　　价：66.00 元

目　录

丝绸的故乡

每当人们看到轻软如云、色彩绚丽的丝绸时，总会赞不绝口——女士穿上美丽的丝质旗袍，会显得婀娜多姿；男士穿上丝质唐装，看上去文雅飘逸。于是，会由此联想到丝绸的故乡，中国，有着悠久历史和灿烂文化的东方文明古国。

植桑、养蚕和利用茧丝织造丝绸，是古代中国人的伟大发明。利用蚕丝作为衣料的历史，距今已近五千年。中国的考古发现证明，早在新石器时代晚期，黄河流域和长江下游地区的人们，已经学会制造丝线、丝带和绢。1926年，在中国山西省的一个早期人类文明遗址中，人们发现了茧壳；1958年，又在浙江省吴兴县的早期文明遗址中挖到了碳化的丝线、丝带和绢片，经测定其年代距今约4750余年。

关于最早的丝，在中国民间流传着不少美丽的传说。其中有一个“蚕神献丝”的故事，相传在4000多年以前，中国人的祖先黄帝作部落首领的时候，有一次举办庆功会，一位美丽的姑娘从天而降，手捧着两束分别为金色和银色的光泽鲜亮的蚕丝，将其献给了黄帝，黄帝非常高兴，立刻派人把它织成了又轻又软的细绢。后来，这位献丝的姑娘被人们尊为“蚕神”。另外一个著名的传说也与黄帝有关，说的是他的妃子嫘祖首先发现了蚕丝，并把养蚕缫丝的方法传授给人民，中国的蚕丝生产才逐渐兴盛起来……这些古老的传说反映出，早在4000多年前，中国人就由采集野蚕茧发现了在人工饲养家蚕的方法。

中国古代绢画——《采桑养蚕图》

《苏州织造局志》，编于清康熙朝，详细记载了中国丝织业中心的苏州的经济发展状况。

斯坦因20世纪初在丝路古道上发现的中国古代丝织物

在文物方面，出现在商代（约公元前17世纪—公元前11世纪）的甲骨文已经有了蚕、桑、丝、帛等象形文字；商代有刻着蚕纹的青铜器；在后世发挖的商代古墓中，人们还发现了用玉石雕成的玉蚕、精制的暗花绸，以及绚丽的刺绣残片等。毫无疑问，当时的中国人已掌握了相当成熟的丝织技术。到了汉代（公元前206年—公元220年），丝织业进一步发展。据《汉书》记载，汉武帝（公元前141年—公元前87年在位）“北至朔方，东封泰山，巡海上，旁北边以归，所过赏赐，用帛百万余匹”，一下子拿出这么多丝绸来赏赐下属，可见汉代中国丝绸业之繁盛。1972年，在长沙马王堆西汉（公元前206年—公元25年）墓出土的文物中，仅丝织品就多达一百多件，其中一件素纱禅衣，长128厘米，重仅49克；另一块幅宽49厘米、长450厘米的纱料，只有2.8克重，制丝技术之高超，令人惊叹。

面对这些精美的丝质衣物，人们不禁会问，丝绸是怎样织成的呢？这无疑是一个奇妙的过程。我们知道，真丝是由蚕茧的多股丝缫得的。在缫丝时，丝头不能断，要一股一股地络丝，与蚕织茧时的过程类似。蚕茧一旦做成之后，蚕就变成了蛹，一段时间后蛹又变成蛾，最后蛾咬破茧壳逃出了自设的牢笼。茧壳一旦被咬破，蚕丝就断了，那就只能经过梳理，按照其他纤维品的纺织工艺处理。要让蚕丝不断，就必须在不损坏蚕茧的前提下，在蚕蛹未孵化之前就杀死它，这正是制丝的奥秘所在。为了使丝线柔韧坚实、精美纤细和富有弹性，必须为做茧的蚕虫提供特殊的饲料——桑叶。具备了这些条件，蚕丝才成为一种珍贵的纺织品。

当精美的丝绸在古代中国人的生活中产生重大影响的时候，它在国际上获得极高的声誉似乎也不足为奇了。中国丝绸未传入欧洲前，希腊罗马人缝制衣服的主要原料是羊毛和亚麻，不难想像他们触摸到轻柔光亮、色彩绚丽的中国丝绸时的惊奇和喜悦。在中国丝绸西传之初，它被西方人视为最上等的衣料，生产成本高昂，再加上商人垄断经营、沿途各国关卡课以重税等原因，丝绸运到欧洲已贵比黄金。因此，即使当时作为欧洲政治、经济中心的罗马城，也只有少数贵族和上层妇女才能穿得上丝绸，并以此炫耀自己的财富和地位。据古罗马作家普林尼（Pliny，公元23年—公元79年）称，罗马帝国为购买丝绸、珍珠等奢侈品，每年约支出一亿赛斯太斯，占当时罗马帝国每年商品进口总额的一半。巨大的财政压力使当地的西方人绞尽脑汁想尽快掌握养蚕缫丝的方法，而他们最终掌握这项技术还是养蚕法经由中国西部边疆的和田西传至南亚、中亚、西亚和欧洲各国的结果。

关于养蚕法从中国内地传入和田的情况，玄奘的《大唐西域记》一书中记载了一个有趣的故事：古时候瞿萨旦那国（在今新疆和田附近）并不知有蚕桑，听说它东边的邻国有，就派使臣前去请求赐予，然而东国的皇帝隐瞒了真实情况，不但不想给使者，还命令边关加强看守以防有人将蚕种带出去。瞿萨旦那国的国王碰了钉子，便打算用求婚的办法来获得蚕桑，他写了谦恭的书信，派人带上重礼向东国国王请求联姻。东国皇帝想笼络他，就答应了他的请求。这样机会就来了，瞿萨旦那的国王就让使臣传话给即将出嫁的东国公主，希望她能带来一些蚕种好自己做衣服。公主就暗地里收集来足够的蚕种，并把它们藏在自己帽子里。远嫁的公主带着一行人到了边关，随行人员都受到了严格的检查，却没人敢搜查公主的帽子，蚕种就这样传入了瞿萨旦那国。

1914年，匈牙利裔英国考古学家及地理学家斯坦因（Marc Aurel Stein，1862—1943）在和田丹丹乌里克古城的遗址中，挖掘出一块以这个传说为题材的壁画。画面的中央是一个盛装的贵妇人，头戴高冕，旁边有两个侍女，左边侍女以右手指贵妇人之冕。画版左端有一篮，其中盛满蚕茧之物，右端有一纺车状物品。据斯坦因考证，画中贵妇人，即上述传说中的东国公主。侍女手指贵妇人之冕，是暗示冕下隐藏之物，即公主偷偷带来的蚕种。可见这则传说由来已久，从而不难推测传说背后有着一段真实的历史故事。

至于中国的蚕种和养蚕法传入欧洲的时间，则是在公元6世纪以

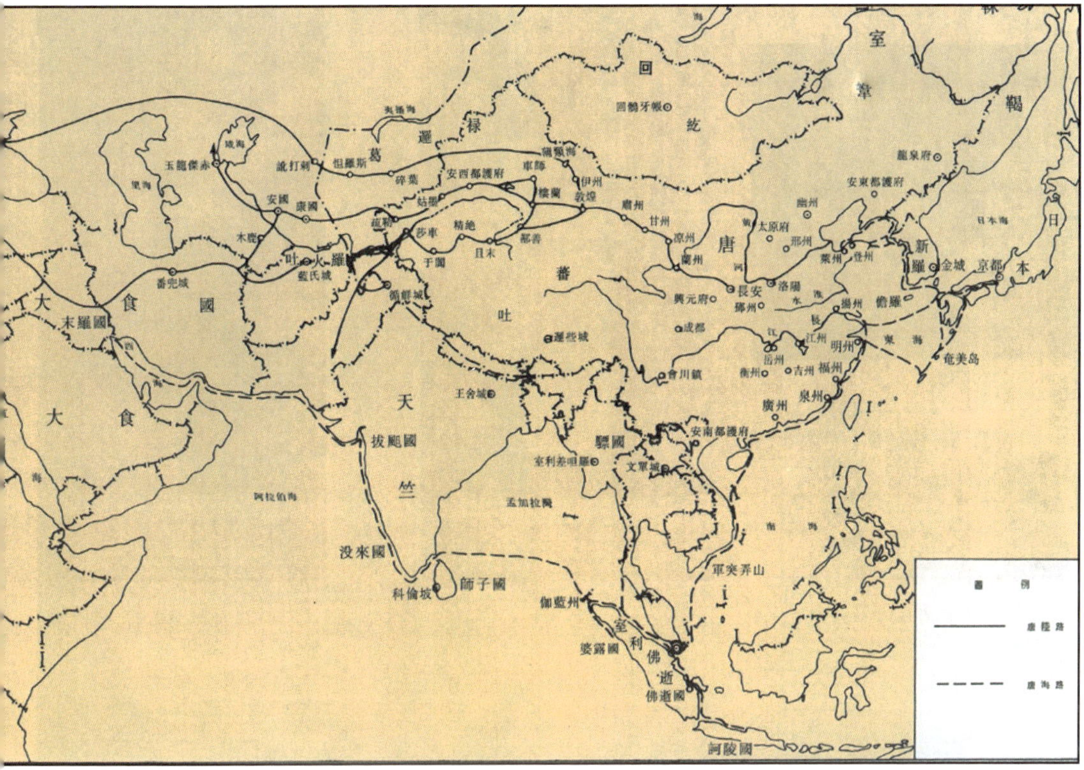

丝绸之路古地图

和田丹丹乌里克古城遗址中关于蚕种西传的传说壁画

着华服的李希霍芬和家人

《中国旅行报告》，德国地理学家李希霍芬著，这本书为“丝绸之路”命名。

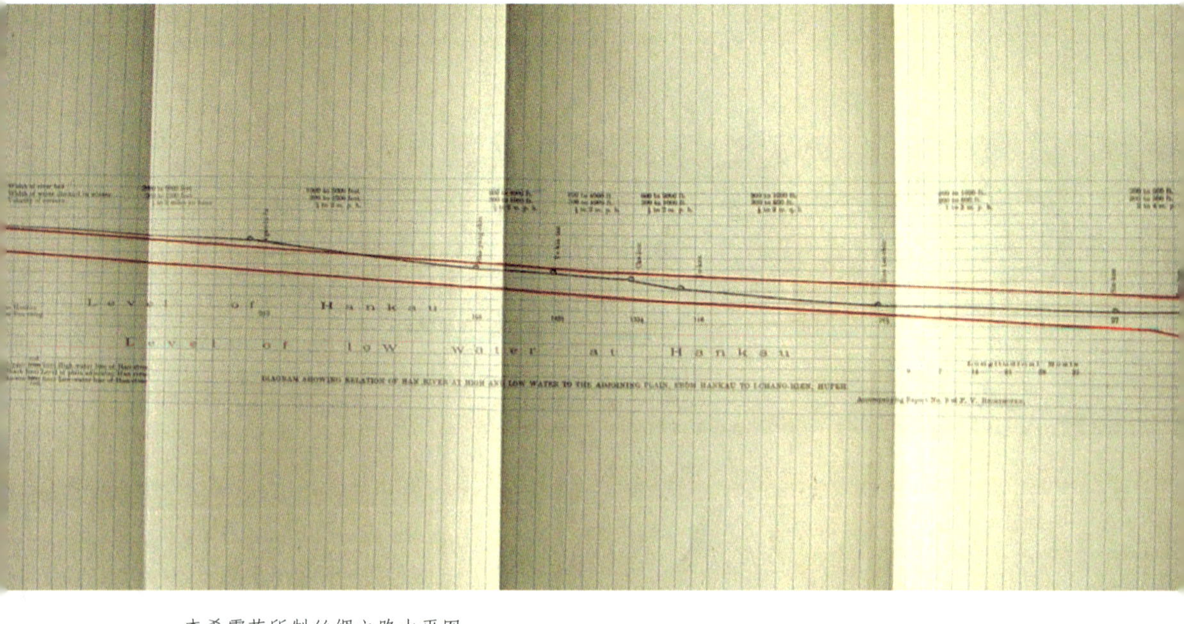

李希霍芬所制丝绸之路水平图

后了。在此之前，西方人不会养蚕缫丝，却可以把中国运来的生丝加工纺织；或是将运来的绢缯拆解成丝线，掺上麻线，织成纱绫，再染色、绣花；或是把素绢染上色，加绣金线，这样再把二次加工后的丝绸销往东西欧各国。当时的泰尔、贝鲁特等城市就是当时东罗马帝国加工型丝织业的中心。

在古代西方史学著作中，人们发现了记载着蚕种西传经过的文字。如东罗马史学家所著《哥特战记》，就详细记述了印度僧人从东方秘密带来蚕种的故事。另外一部公元6世纪末的东罗马帝国史学著作中也有类似记述："查士丁尼一世在位时（公元527年—公元565年），有波斯人某至拜占廷（其名源于古代希腊在博斯普鲁斯海峡西岸的一个殖民地，公元330年罗马皇帝君士坦丁建'新罗马'于此，易名'君士坦丁堡'。6世纪上半叶以前，罗马帝国东部诸省通称'东罗马'，7世纪以后，帝国东部在国家和社会发展上已与早期罗马帝国大大不同，史称'拜占廷帝国'。）传示蚕之生养方法，盖为以前罗马人所未知悉者也。波斯人某，尝居赛里斯国（即中国）。归国时，藏蚕子于行路杖中，后携至拜占廷。春初之际，置蚕卵于桑叶上，盖此叶为其最佳之食也。后生虫，饲叶而长大，生两翼可飞"。由此可见，这位东罗马皇帝为了摆脱波斯人对丝绸的垄断，曾通过经常出入中国的波斯人和印度僧侣将蚕种和养蚕法传入拜占廷。

中国的蚕种和养蚕法传入东罗马帝国的首都君士坦丁堡的确切时间是公元552年，适逢查士丁尼皇帝在位。从此，东罗马人掌握了蚕丝生产技术，君士坦丁堡也出现了庞大的皇家丝织工场，有大批女工从事丝绸生产，君士坦丁堡还因此独占了东罗马的丝绸制造和贸易，并垄断了欧洲的蚕丝生产和纺织技术。直到12世纪中叶，十字军第二次东征，南意大利西西里王罗哲儿二世（1127年—1154年在位）从拜占廷掳劫来2000名丝织工人，将他们安置在南意大利。此后，意大利开始生产丝绸，13世纪以后，养蚕织丝技术陆续传至西班牙、法国、英国、德国等西欧国家，丝绸生产在欧洲广泛传播开来。

精美的丝绸是经过怎样的路线运达西方的呢？19世纪70年代，德国地理学家李希霍芬（Ferdinand von Richthofen，1833—1905）在他的著作《中国，亲身旅行的成果和以之为根据的研究》（1877—1912）一书中，把公元前114年至公元127年近两个半世纪开辟的，经西域将中国与中亚的阿姆河—锡尔河地区以及印度连接起来的丝绸贸易道路命名为Seidenstrassen，英文名为The silk road。也就是说，他将西汉大臣张骞（？—公元前114年）出使西域作为丝绸之路的发端。后来李氏的同胞阿尔马特·赫尔曼在其著名的《中国与叙利亚之间的古代丝绸之路》中写道："我们应该把这个名称——丝绸之路的含义进一步延长通向遥远的西方叙利亚……虽然叙利亚不是中国生丝的最大市场，但是，却是较大的市场之一。叙利亚主要是通过陆路从遥远的丝国获得生丝。"

如两位德国学者所言，丝绸之路是一条古老而漫长的商路，也是连接亚、欧、非三大洲的动脉，它贯穿古代中国、阿富汗、印度、阿姆河—锡尔河地区、伊朗、伊拉克、叙利亚、土耳其，通过地中海到达罗马。来往于这条道路的，既有忙碌的逐利商人、自由自在的旅行者，还有受命于国王出使远方的使者和前往宗教圣地朝圣的虔诚教徒。动乱年代，大量的难民、军人也曾充斥于该路的某一段。我们可以想像，不同时代风貌各异的人们熙熙攘攘地走在这条路上，该是多么壮观的情景。频繁的贸易和交流使这些地区的人民有机会相互了解，这条伟大的道路也成为他们的共同历史遗产。从公元前2世纪到公元13、14世纪前后，丝路是连接世界古代文明发祥地中国、印度、两河流域、埃及以及古希腊、罗马的重要纽带。

根据希腊地理学家斯特拉波（Strabo，公元前63年—公元23年以后？）的著作，大约在公元前3世纪时，西方人已经把中国称作"赛里斯国"（Sères）。这个称谓是由希腊语"塞尔"、"赛里斯"衍生而来的——"塞尔"是蚕的意思，"赛里斯"是蚕丝产地或贩卖丝绢人的意思。不少学者还认为，希腊语的"塞尔"和"赛里斯"，就是由汉语的

“蚕”的发音转化来的。这似乎都可说明原产自中国的丝绸在更早的时候就已输入西方了，当然这也是通往欧亚大陆交通畅通的结果。

另据美国《国家地理》杂志报道，德国考古学家在斯图加特的霍克杜夫村，发掘了一座公元前500年的古墓，发现墓中人身上有中国丝绸衣服的残片。另外，在克里米亚半岛的刻赤附近，也有中国丝绸出土，从同时出土的其他器物上的铭文看，是公元前3世纪的东西。这两处丝绸残片的出土，不仅证实斯特拉波等人对丝绸的记载是有根据的，而且这些实物表明，早在张骞通西域之前，丝绸就已运往西方了，而为彼此间人流、物流开辟的道路也已经存在了。

此外，印度的一部著作《治国安邦术》中有Cinapatta的字句（Cina即支那，指中国，patta即“帕达”，是“带”、“条”的意思），它的意思是“中国的成捆的丝”。作者侨胝厘耶是公元前4世纪人，可以由此推断，最迟在汉代以前，中国的丝绸就已输入了印度。

在西方人的著述中，最早有关丝绸的记载，出现在古希腊最著名的喜剧作家阿里斯托芬（约公元前450年—约公元前388年）的著作《吕西斯忒剌忒》（公元前411年）中。他提到了一种用“Amorgis”，也就是绢做成的长上衣叫“Amorgiam”。古希腊哲学家亚里士多德（公元前384年—公元前322年）在他的《动物志》一书中还说：丝织品是由一种有角的“大蛆”所产的茧织成的，并说“这种蛆的形变先为幼虫，次为蛹，然后出蛾，一个变态过程要用六个月的时间”。他还认为，最先用这种织物的是科斯岛人布拉台斯之女帕姆扑莱，当然这个说法并不准确。

由于保存下来的大量希腊雕刻和陶器彩绘人像中所穿的衣服细薄透明，因而有人推测，在公元前5世纪，中国丝绸已经成为希腊上层人物喜爱的服装。例如，巴特农神庙的命运女神（公元前438年—公元前431年的作品）、埃里契西翁的加里亚蒂（Karyatid）和雅可波里斯的科莱（Kore）（公元前530年—公元前510年的作品）等女神像，都穿着透明长袍，胸披薄绢，衣料柔软，都是用中国的丝绸做成的。希腊绘画中也有类似的丝质衣料，公元前5世纪雅典成批生产的红花陶壶上已有非常细薄的衣料，公元前4世纪中叶的陶壶狄奥希索斯和彭贝更是显著的例子。特别是克里米亚半岛库尔奥巴出土的公元前3世纪希腊制作的象牙版上的绘画“波利斯的裁判”，将希腊女神身上穿着的纤细衣料表现得更是完美，透明的丝质罗纱将女神的乳房、脐眼完全显露出来。

这一切都表明，早在李希霍芬界定的丝绸之路开通以前，亚欧之间已经有了一些交流往来的通道。这些通过渺无人烟的荒原沙漠的道路，是由不辞辛劳的商人或来去匆匆的游牧民族踏出来的。现在人们已经不可能复原它们的确切走向和所经地点，只能依靠零散的考古和文献资料勾勒出大概的轮廓。但我们可以肯定，这些早期的通道形成了后来丝绸之路的雏形。

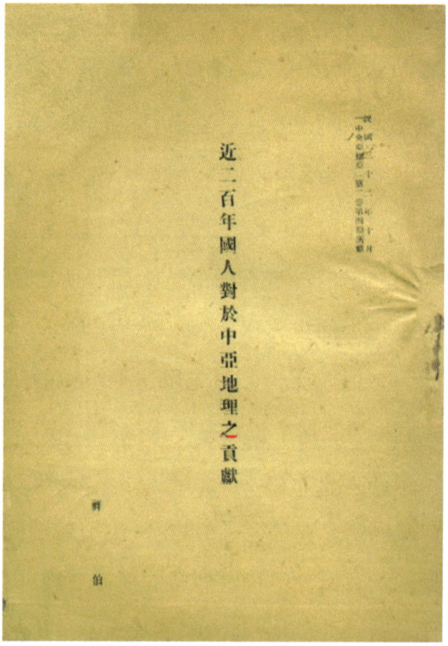

《近二百年国人对于中亚地理之贡献》，祥伯著，1943年出版，综述十八世纪以来中国学术界对丝路文化的研究成果。

张骞深入亚洲的远征

尽管在中国汉代以前东西方的通道已经出现，但是这条道路却因一些民族间的纠纷和战争而常常中断，即使有时没有人为的阻隔，也因山川险峻、路途遥远、缺乏安全保障等，通行特别困难。因此在古代文献中，几乎无法查证到当时人穿越欧亚大陆的具体路线。只有到了张骞完成他探索中亚的史诗般的功业后，中国汉朝政府在西域地区实施了有效的管理，并和帕米尔以西各国建立了友好关系，才使得这条横贯亚洲的通道东段有了顺畅的保障，出现了空前的繁荣局面。

汉代的中国，经济繁荣，人口也随之剧增。汉朝人开始向南发展，他们跨过长江，同化了土著部族，坚决而又缓慢地向珠江流域发展。而北方的领土安全却受到了匈奴人的威胁，秦代留下来的长城也仅仅能在局部地区阻挡入侵者的脚步，却不能解除匈奴人随时来犯的边患。

公元前209年，即汉朝建立的前三年，一个新兴的匈奴政权建立起来，这个古老的北方游牧民族，在一位名叫冒顿的首领率领下，实现了前所未有的统一，占据了蒙古高原，拥有骑兵数十万，几乎向所有方面扩展他的草原帝国，不仅攻占了大月氏，征服了楼兰等二十多个西域小国，还占领了属于汉朝的河套地区。为此，汉朝的开国皇帝刘邦（公元前206年—公元前195年在位）在公元前200年发动了一场针对匈奴的大规模军事行动，却以失败告终。匈奴问题继续困扰着汉朝的执政者，经过60多年的励精图治，到了汉武帝时期，中国进入了

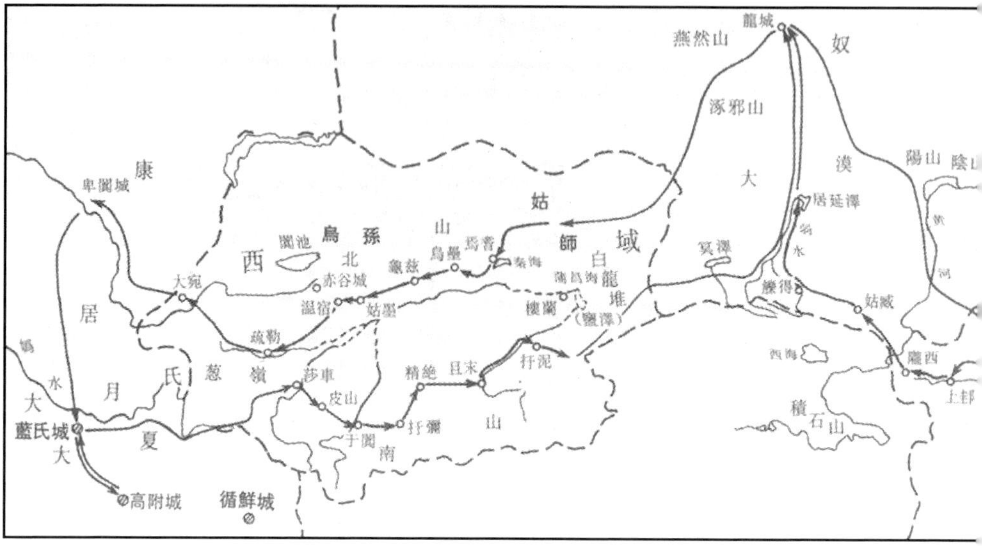

张骞通西域古地图

全盛时期，国力非常强盛，百业兴旺，经济繁荣，人口充足，兵强马壮。此时的汉帝国已强大得完全能够发动深入亚洲的远征，并能重新建立、重新装备和延长其北方防线，在新开拓的领土设郡，以及在被后世称之为丝绸之路的路线上促进东西方贸易的发展。

就在汉武帝筹划打击匈奴的时候，他获得了一个重要情报，匈奴的单于（匈奴首领的尊号）杀死了与匈奴有世仇的大月氏王，并把他的头颅做成酒器以示侮辱。大月氏原是居住在甘肃河西走廊的游牧部落，被匈奴击败后被迫向西迁徙，在天山北麓的伊犁河流域重建家园，之后又再次向西南迁徙。新的月氏王非常仇恨匈奴，意图报仇雪耻。汉武帝和他的幕僚们十分重视这个情报，认为如果联合月氏，会使匈奴处于两面受敌的被动局面，对匈奴作战也会因此有更大的获胜把握。

基于军事战略的深谋远虑，公元前139年，汉武帝派出了一个以张骞为首的百余人的西行使团，其直接目的是寻求与大月氏国的军事联盟。张骞的随从多数是下级军官、士兵和贫民，其中有一个在战争中被汉朝俘虏而自愿为此行作向导的匈奴人，他叫甘父，后来成为张骞的忠实助手。这些坚强的志愿者放弃了温暖舒适的生活，从长安出发，冒着极大的危险踏上了远征之旅。张骞持“节”（一根七尺多长的竹竿，挂着三把耗牛毛，表示皇帝的使臣身份）走在前头。他们经过甘肃南部的陇西郡，渡黄河后悄悄进入河西，想按照汉武帝的计划，通过河西的匈奴地区，到西域去寻找月氏国。他们昼伏夜行，不料却在河西西部的沙漠里，因迷路遇到了大队匈奴骑兵，经过一场战斗，终因人马过度疲劳而被俘，不久被押送到了匈奴单于面前。单于愤怒地诘问：“月氏在吾北，汉何以得往使？吾欲使越，汉肯听我乎？”经过审问毒打，匈奴人又把张骞关押起来。后来交给一个贵族当奴隶，令他放牧几百头牛羊。

张骞在匈奴过着奴隶生活，尽管娶了一位匈奴女奴为妻并生下了孩子，但他始终不忘自己的使命。在他被拘留了十年后，终于找到机会，带领部下逃出了匈奴。他们凭着仅有的干粮和水，向西行进，沿途风餐露宿，迷了路，张骞就根据日月星辰来判明方向。经过艰苦跋涉，他们终于看到了一个硕大无比的咸湖——即今天的新疆罗布泊，当年的楼兰国都就在湖边。因为楼兰驻有匈奴军队，他们不能进去，就停驻在湖边，打猎并储存干粮，问清了去月氏的路线之后，就沿着塔里木盆地北缘前进。

那时，西域的绿洲里分布着许多小部落和小国家。张骞一行先后经过尉犁（今新疆尉犁县）、龟兹（今库车县东郊）、疏勒（今喀什市一带）等八国，又翻越葱岭（古时中国西部界山，北起南天山、西天山，往南绵亘，包括帕米尔高原、西昆仑山、喀喇昆仑山和兴都库什山）到了有二十万人的大宛国（今乌兹别克境内费尔干纳一带）。大宛国王早就仰慕汉朝的富饶和文明，对张骞一行十分友好。张骞在这里吃到了汉地没有的胡萝卜、大蒜、芝麻，看到了著名的大宛汗血宝马和苜蓿、葡萄。临行时，大宛王又派人把他们送到康居国（今阿姆河以北、咸海与巴尔喀什湖之间），友好的康居人又护送他们到月氏国。张骞终于有机会来完成他的使命了。

可是事不凑巧，他发现月氏已经安居乐业，以致不再想对匈奴进行报复性战争了。张骞一行只好启程还朝。在归途中，他先到了南亚的大夏国（即巴克特里亚，位于阿姆河中游、阿富汗木尔加布河的发源处）。他在大夏停留了一年之久，详细地考察了这个国家，还派代表远赴粟特（中亚细亚古地区名，大约在阿姆河、锡尔河之间的泽拉夫善河流域，在今塔吉克斯坦和乌兹别克斯坦境内）和安息（公元前247年—公元226年，由安息人建立的一个讲希腊语的帝国，地属伊朗高原）。继而又沿着塔里木盆地南缘返回，与出发时并未走同一条道路，不幸的是，在他穿越羌人居住的地区时，又一次被匈奴人俘虏了。他被戴上镣铐，做了一年多的苦工。公元前126年，匈奴老单于病死，匈奴太子和他的弟弟因争夺王位发生内战，张骞和他的匈奴妻子、随从甘父乘机逃回长安。这次出使历时十三年，整个使团回来时只剩两个人，这次冒险的出使经历震动了长安。在这十几年里，不管遇到什么艰难险阻，那支代表汉朝神圣使命的“节”，始终没有丢失，当张骞把那支几乎脱光毛的“节”双手奉还汉武帝时，汉武帝非常感动。

虽然张骞并没有成功地完成其使命，但他获悉，除了月氏之外，中亚还有大宛、大夏、康居以及其他五、六个重要国家，例如安息以及在安息以西几千里地方的条支国（今波斯湾西北，叙利亚一带）；他观察了印度北部的生活状况，注意到在大夏有中国货。他向汉武帝报告了与西部诸国往来的可能性，并指出与这些地区通商的潜在价值，以及与其他反匈奴民族结盟的好处。汉朝政府非常重视他所搜集的各种重要情报，这些资料不仅涉及到了他所经过的国家，而且还涉及到了沿途所听说的其它地区的情况，其中包括一些对汉朝来说还完全陌生的地区。

在张骞第一次出使西域之后，汉朝大将卫青和霍去病在公元前121年和公元前119年先后两次取得对匈奴战役的胜利，将匈奴赶出了中国边境。

公元前115年，朝廷批准张骞的建议，组织了一支三百人的使团，仍由张骞率领再度前往西域。由于使团知道西域人民普遍渴望得到汉朝的财物，便带了上万头牛羊和大量黄金、丝织品，作为中国皇帝赠予西方诸国首领的礼物。他们出使乌孙国（今巴尔喀什湖以东、伊犁等地区），企图说服乌孙东迁回其祖居地。因为乌孙王没有立即做出决定，张骞就分派他的副使，前往大宛、康居、月氏、大夏。过了一年多，这些国家都派人和汉朝的副使一起来到长安。从此，汉朝与西域各国开始正式往来，汉朝又派使者到安息、龟兹、犁靬（罗马）、身毒（印度）、奄蔡（里海东北）、条支等国，凡出使西域的人，各国都很信任他们，相互之间的关系很好，乌孙甚至还与汉通婚。由于西行使者往来频繁，人数众多，所以经常在路上相互碰到，他们都像张骞一样带着国书和贵重的丝织品，路途远的要八九年才能回来。

往来于这条通道上的，除了各国使节外，更多则是从事贸易的商人，有的商人为通行方便还冒充使者身份。留存的文物证明，中国的丝绸在这些路线上频繁地运送。中国的丝绸几经辗转极有可能抵达远在地中海地区的目的地——虽然汉朝与罗马帝国之间没有直接的来往，但经过几十年的发展，围绕中国丝绸出口已形成了一个贸易体系，其中不仅有中国，还有罗马、中亚、西亚、印度、印度尼西亚和非洲，而罗马即是这条贸易路线的西端。这些贸易伙伴的交流，促成了欧亚大陆区域间的人员、物资往来，中国的丝绸运往西方，中亚人充当了运输人和向导，西亚人和非洲人则负责货物的储存和经营。中国从中亚取得了马匹、玉石和羊毛，罗马则获得中国的丝绸以点缀元老院议员和贵族们的奢侈生活，同时也输入印尼的香料和印度的胡椒，他们为此支付铁制品、玻璃和金银块。

张骞出使西域，前后历时30余年，他谦逊诚恳，尊重他人，处处不失中国人的礼节，赢得了许多国家和民族的信任。由于长期艰苦跋涉，风餐露宿，他的健康受到了严重的损害，最后一次出使回到长安后，仅过一年多张骞就因病去世。但是，由他开拓的丝绸之路，揭开了东西经济文化交流的新时代。史书称他出使西域是一种

"凿空"行动，意思是他第一个打开了西域的大门。历史将永远铭记这位勇敢而富有献身精神的探险家和外交家。

公元前60年，汉朝在西域派驻屯田的军队，建立了都护府，作为其驻防军的总指挥部，具有维护汉朝对该地区的管辖权和调节西域各国之间关系等广泛的政治权力。

自张骞第一次通西域到西汉末年，以汉朝都城长安（今西安）为东端的丝绸之路繁荣兴盛了140年之久。东西方频繁往来，经济、文化的交流大大推动了社会和文明的发展。西汉末年发生了内乱，北匈奴乘虚而入，经常骚扰西域各国和河西走廊，劫掠往来商旅，迫使丝路中断了60多年。

东汉（公元25年—公元220年）立国后，局势逐步稳定。汉明帝（公元58年—公元75年在位）派大将窦固进驻河西，打击北匈奴，重新开通西域。一批勇士踏上了重新开通丝绸之路的征途，其中最出名的一位就是班超。

班超是个与众不同的人，少年时曾为官府抄书以供养母亲，常抱怨无用武立功的机会，一次他放下手中的笔叹息道：大丈夫即使没有其他的志向，也该像傅介子、张骞那样在西域建功立业。怎么能一辈子跟笔砚打交道呢？公元73年，班超投笔从戎，到大将军窦固军中任职，不久奉命出使西域，与他同行的还有36位剽悍的勇士。

班超西出玉门关后的第一站是鄯善（楼兰从公元前77年起易名为鄯善，在罗布泊之西），鄯善国王开始对他们十分客气，不久匈奴使团来了，他非常惧怕，就疏远汉朝来使。班超决定打击匈奴使团以增强鄯善国回归汉朝的勇气，他率领部下以少胜多，全歼匈奴来使，使鄯善国王大为震动，而鄯善国上下早已对匈奴的残暴统治心怀不满，鄯善国王听从班超的劝说，脱离匈奴重新归顺了汉朝。

不久，班超又奉命出使于阗（位于今新疆和田）。因有匈奴专使监控，于阗国王不敢接近班超。亲匈奴的王宫巫师甚至要班超把战马交出来杀掉消灾，班超一口答应，让巫师自己来取马。巫师一进门，就被班超杀了。此举打击了匈奴人的气焰，在班超的数次鼓动和劝导下，于阗王决定与汉朝联盟。

班超沿着塔里木大沙漠边缘，先南后北，经过二十多年的艰苦奋战，先后联络了疏勒、莎车、龟兹、焉耆等国与汉朝修好。汉和帝永元元年（公元89年），班超与将军窦宪联合行动打败了北匈奴，俘虏单于部下5000余人，北匈奴单于仓皇逃跑，不知去向，班超的名字从此威震西域。公元91年，东汉在龟兹重置西域都护府，班超被任命为都护。在他的努力下，西域各国都归顺了汉朝，并开创了一个安定的局面，他还和安息等国建立了友好关系，并派使者到达条支，前往联络大秦（罗马帝国）。沿塔里木盆地南北缘的丝绸之路再次全线畅通，加强了东西方的文化交流和商业往来，促进了汉朝与西域各民族的融合，公元102年，班超七十一岁时被召回汉都长安，当年就去世了。

中国—罗马：陌生的远方人

丝路初通时，罗马和中国彼此并不了解，只是把对方想像成一个美妙的地方，一块奇特而神秘的乐土。罗马人以为丝绸是用树的纤维织成的，以为善饮水的中国人能活到两三百岁。相反，中国人则把罗马人看得和自己一样，也会种桑养蚕，长相也与中国人类似，并因此称罗马为“大秦”。

众所周知，丝绸的织造秘密在5世纪传入土耳其斯坦，6世纪传入君士坦丁堡。在这个漫长的岁月里，中国和罗马帝国之间充满了传说、神话，以及种种奇异的幻想和猜测。

赛里斯国传说

张骞出使西域、开拓丝路之后，大批中国丝绸通过使者、商人的传递，源源不断运送到西域、中亚以及西亚各国。遥远的罗马人与丝绸的第一次接触，既不是在接待东方使者的宫廷仪式上，也不是在商业市场上，而是在战场上。公元前53年，西汉建立西域都护府已历7年，罗马统帅马卡斯·李西尼· 克拉苏（Marcus Licinius Crassus）在镇压了斯巴达克的起义后，梦想着重建亚历山大大帝的功业——征服整个亚洲，从而在声望上压倒他的两个对手——恺撒和庞培。这年夏天，他率领7个罗马军团，向东越过幼发拉底河，行进到叙利亚境内一个叫卡尔莱的地方，与安息军队进行决战。

安息本为波斯帝国的一个行省，公元3世纪独立，成为横跨伊朗高原和两河流域的大国，并时常与罗马为争夺丝绸之路互相征伐，各有胜负。这一次，来势汹汹的罗马军队在安息人的引诱下进了埋伏圈，加上长途跋涉将士疲惫不堪，士气低落。几万安息骑兵如潮水般涌来，将三万罗马军重重包围。面对震天动地的战鼓声和吼叫声，罗马人乱作一团，雨点般的弓箭更是逼得他们躲在盾牌后抬不起头。战斗持续到中午，安息人突然展开他们鲜艳夺目、令人眼花缭乱的战旗，阳光下，一面面战旗显得格外耀眼。筋疲力尽的罗马兵团不知是什么新式武器，惊慌失措，顷刻之间全线崩溃。卡尔莱战役以罗马人的惨败告终，两万罗马士兵阵亡，一万多人被俘；安息人向克拉苏口中灌入熔化的黄金，处死了这位罗马统帅。

那些令人目炫的安息军旗，那些决定这场战争胜负的神秘物品，从此让罗马人念念不忘。不久，罗马人也得到了这种不知产自何处、华丽多彩、轻柔细软的物品，其优良质地远远超过了他们自产的棉毛纺织品。据说，卡尔莱之战10年之后，在罗马的一次庆典仪式上，恺撒大帝向罗马臣民展示了他得到的丝绸织品，令所有人赞叹不已。另外还传说，恺撒穿上丝绸长袍到罗马剧场观看表演，华丽的丝绸让在场的贵族和贵妇人不胜艳羡。很快，穿丝绸服装在罗马成为一种时尚。

到了公元前14年，也就是奥古斯都（Augustus，又译作屋大维，公元前63年—公元14年）执政的最后一年，罗马贵族穿丝绸衣服的风尚变成了一种公害。因为罗马既不能生产也不能直接从东方获得丝绸，只能从安息商人手中购买，昂贵得惊人，一匹丝绸的价格与其重量相等的黄金相当。巨大的需求迅速消耗着罗马的黄金储备，国库即将空虚。古罗马大科学家、作家普林尼写文章非难这种透明衣料：妇女爱在社交场合穿上丝质薄衣，以致呈现裸体，败坏了社会风气。元老院也发出命令，禁止男人穿丝绸服装。但这些抗议都无济于事。罗马城内还开设了专售中国丝绢的市场。4世纪时，一位罗马史学家甚至宣称：“过去我国仅贵族才能穿着丝服，现在则各阶层人民都普遍穿用，连搬运夫和公差也不例外。”

对丝绸狂热的偏爱让罗马人产生了强烈的好奇心：精美的丝绸是怎样织成的？它是在哪个地方生产的？他们并不认为安息人会造出如此精美的东西。但除了安息，罗马人对遥远的中国几乎一无所知，幻想和猜测产生了种种神话传说。由于不知道丝绸的来历，罗马人就称其为“赛里斯国的纱”。“赛里斯”这个名词由普林尼根据道听途说首创，意为“丝国”。他指出，赛里斯人居住在过去由亚历山大所征服的领地的东部边缘，在世界尽头的某个地方，西方任何人都未曾亲身抵达过。

普林尼所写的《博物志》，是集当时罗马人知识之大成的百科全书式作品，其中有关于赛里斯国和丝绸的叙述，在今天看来也只能当作天方夜谭似的神话：

“赛里斯人以他们的森林里盛产毛织品著名。他们从树叶中采取白绒丝，然后加入水，最后由妇女们承担络丝和纺线的任务。正是由于采取了这样复杂的技术，才从那样遥远的地方生产出了这种琳琅满目、绚丽多彩的产品，这才使罗马贵妇们身着透明的服装在社交场合抛头露面。赛里斯人具有高度的文明，但又与野蛮人很近似。他们不与其他民族交往，仅仅坐等买卖上门。”

“赛里斯人的身材超过了普通凡人，红头发，蓝眼睛，嗓门粗糙，没有互相交流的语言。”

在那个时代，希腊与罗马文明已经高度发达，产生了许多伟大的政治家、哲学家、文学家和艺术家，罗马帝国的强大军队称雄欧亚，还有一流的航海技术。他们既然这样喜爱丝绸，为什么不向东方去探索一条直达中国的通道呢？

当时有两个障碍阻挡了东方和西方的沟通。一个是地中海多如牛毛的海盗，他们专门袭击来往商船。庞培曾率领强大的舰队，在西地中海围捕海盗船。他用了6个星期捣毁了西里西亚的海盗巢穴，又用

6个星期歼灭海盗，总共俘虏了不下400艘海盗船，销毁了1300艘海盗船，把上万名海盗投进大海，俘虏的海盗多达20000人。这个战果足以说明当时海盗数量之多。但是庞培不可能通过一次战役就彻底清除海盗，在很长时间内，这些海上亡命徒迫使商船无法远行，更谈不上去印度乃至中国进行远洋贸易了。第二，罗马的丝绸来自安息，这种转手贸易使安息获得了巨大利润。安息与汉朝保持着良好关系，汉朝的丝绸源源不断进入安息，中国史书上记载的丝绸之路是以安息为终点的。而安息又在军事上与罗马处于敌对状态，不愿意让中国与罗马直接贸易，损失自己的利益。因此，丝绸贸易一直是转手交易，没有一个罗马人或中国人能顺利地走上几万里，到达对方的首都。

不过，丝绸贸易的利润如此丰厚，也确实使一些罗马商人对东方产生了强烈的兴趣，其中也不乏冒险家从海路和陆路探索过通往东方的可能性。一位与普林尼几乎同时代的学者写了《厄里特里亚海航行记》，这是本根据海员口述整理而成的航海手册。当时大概源于偶然的因素，海员们发现，印度洋季风可以送商船横渡印度洋，到达印度西海岸。掌握这个规律之后，欧洲商人越来越多地去印度做生意。他们从地中海进入红海，趁季风于10月份到达印度港口；再于第二年4月趁反向季风返回家乡。商人们在印度买到了中国丝绸，并听到了有关中国的传说。《厄里特里亚海航行记》记述：

“经过这一地区（金洲，即马六甲）之后，大海在极北端就流到了一个叫秦国（Sino）的地方。在那个大陆内有一座大城市叫秦尼（Thinae）。棉花、生丝和丝绸都从那里被肩挑人扛运往大夏国，一直到达婆罗羯车（Barggaza，今印度的布罗奇），同样也经由恒河从南印度而出口。要进入秦国是十分不容易的事，很少有人从这一地方来。”

这比赛里斯国的传说已经进了一步。欧洲人找到了一条海上丝路，第一个罗马使者就是从海路经东南亚来中国的。

也有人做过陆路上的尝试。根据地理学家托勒密（Ptolémée，或作Ptolemy）在公元140年的著作中记载，在公元1世纪末，一位马

中世纪的意大利佛罗伦萨

其顿的希腊商人马埃斯·蒂蒂亚诺斯（Maès Titianos）组织了一次从地中海到“赛里斯”的陆路考察，历时7个月。托勒密根据他们的叙述，描绘了一条从叙利亚到赛里斯国首都赛拉（Sera）的路线。

托勒密指出，从叙利亚到赛里斯国首都约11000公里行程。托勒密的叙述虽有不少符合事实，但在基本概念上却犯了错误。他搞不清Sino、Thinae和Sères乃同指中国，弄混了它们的意思——越过Sino到达Sères及其首都Sera。也由此可见，当时西方人对中国的概念相当含糊。尽管西方人非常渴望了解东方和丝绸，但在相当长的一段时间内，他们的知识却始终停留在传说和神话的水平上。公元174年，希腊文学家保撒尼亚斯（Pausanias）在他的著作中说：

“赛里斯人用来纺布缝衣的丝不是从树皮中抽取的，赛里斯人国内有一种小动物，希腊人称为‘赛儿’（Sères），这种小动物比金龟子大两倍多，很像在树下结网的蜘蛛。它们与蜘蛛一样，也有8只脚。赛里斯人把这种动物饲养在一个特制的地方，能防风又防寒。这些小动物的产品是异常纤细的丝，它们吐出丝后就绕着脚缠卷。”

保撒尼亚斯对蚕和丝是丝绸来源的认识，比前人进了一大步。但事实证明，他的说法并没有被欧洲人接受。200年后的公元380年，希腊作家玛尔赛林在他的著作中仍重复着普林尼的错误：

“赛里斯人的故乡生长着大片茂密的森林，他们反复地向这些树上的产品喷水，采取一切措施使树皮变得柔软，由此得到一些茸毛和混合液体，然后从中梳理出很纤细柔软的丝线，织成一种网状物，这就是‘赛里斯丝绸’。”

隔绝造成了种种误解，不交流就不可能有正确的认识。当西方人在为丝绸的来历和赛里斯国的传说争论不休的时候，中国人同样也满怀着接近和了解西方的愿望。

汉朝人眼中的罗马

张骞第一次出使西域时，曾经在那里的宫廷中看到过魔术师（当时叫“眩人”）的表演。主人向他介绍说，魔术师来自西部的条支和犁靬。张骞向汉武帝报告了这个情况，于是武帝派遣使者前往条支和犁靬，但在司马迁的《史记》里，并没交代使者们是否到达了那里，出使大概没有成功，因为直到班固写《汉书》的时候，对犁靬的情况都没有提及。

而出使安息的使者有了收获。安息国王听说汉武帝对条支大鸟卵和犁靬眩人感兴趣，特地把宫廷里的鸵鸟蛋和几位犁靬魔术师作为礼物献给汉武帝。魔术师随同使者一起来到长安，并给汉武帝当场表演吞刀吐火、植瓜种树、屠人截马的把戏，汉武帝非常高兴，重赏安息使者，并把犁轩魔术师留在宫里。由于汉武帝的爱好，魔术很快在中国风行起来，而这几位魔术师，却再也未能回到自己的故乡。这是中国史书中第一次记载来中国的罗马人。

当时汉朝繁荣兴旺，正是中华民族最具开拓进取心的时代。东汉统治西域后，班超曾立志西进，探索世界的边缘——在日落处的神秘国度。东汉和帝永元九年（公元97年），副使甘英受派遣由西域出发，向西方探险，此行的目的地是大秦——罗马帝国。

甘英一路跋山涉水，横穿中亚，经过安息来到条支。走到了陆地尽头，展现在他面前的是一望无边的大海。我们可以推断，他面临的大海就是地中海。安息的水手对甘英说，这个海极为宽广，如果顺风，船只3个月才能到达对岸，风向不对则要两年，所以渡海者要带上3年的干粮。行于海上，特别容易让人思恋故乡，航行也很危险，常常面临死亡的威胁。甘英在陆路上是一位顽强勇敢的探险家，当他面对浩瀚的大海时，信心却动摇了。最终，他掉转马头，踏上回国的路程。甘英的一念之差，使东西方的直接交流推迟了1000多年，不能不说是一个很大的遗憾。如果甘英渡过地中海，到达罗马城，世界文明史就有了另一种可能。

甘英西行出使，最后功亏一篑，历史学家将责任归究于安息人，说他们害怕汉朝与罗马产生联系，使安息丧失丝绸转手贸易的丰厚利润，所以借水手的话来吓唬甘英。但事实上，当时汉朝人确实不善于航海，对大海怀有一种特殊的畏惧。无论如何，甘英是汉朝向西方旅行走得最远的英雄。他归来后，汉朝对西方世界的了解又比张骞时迈进了一大步。

我们不知道是什么原因使班超对大秦产生了如此浓厚的兴趣。难道在此之前，除了几位犁轩魔术师外，还有罗马人到过中国吗?一位叫德孝骞的法国学者经过对《汉书》的研究，提出了一个很有意思的设想。

据《汉书·陈汤传》记载，公元前36年匈奴郅支单于西侵康居。应中亚各国求助，汉朝派将军陈汤、甘延寿率一支远征军讨伐郅支单于。陈汤到达匈奴单于驻地时，碰到了从未见过的怪事：单于修建了坚固的城堡，100多名步兵在城门口布成鱼鳞阵，抵御汉军。这与匈奴人传统的骑兵野战完全不同。城堡并不能阻挡擅长攻城步战的汉军，他们四面纵火，顶着盾牌攻城，最后杀死单于，俘虏了他1000多名部下凯旋。

这位法国学者指出，匈奴和中亚国家在军事技术上相当落后，修筑坚固的城堡，步兵摆成鱼鳞方阵，完全是罗马人的作战特征。帮助匈奴与汉朝军队作战的很可能是公元前53年卡尔莱战役中的罗马战俘，这10000多人有的留在安息，有的被转卖或流亡到中亚，其中一部分人有可能在康居充当了匈奴雇佣军。

根据古罗马文书，罗马对中国的认识还处在“赛里斯”神话阶段，当然不会有派人出使中国的记载。但《后汉书》却明确记载，东汉桓帝延熹九年（公元166年），一位罗马使者到达洛阳，“大秦王安敦遣使自日南徼外献象牙、犀角、玳瑁，始乃通焉”。这件事的真实性无可置疑，“安敦”就是当时在位的罗马皇帝安东尼·庇乌（Antonin Le Pieux）。这位罗马使者从日南（今越南）入境，大概没有走丝绸之路，而是乘船从印度洋而来。文书上没有记载他的旅行路线，甚至没记下他的名字，只记下他进贡的礼品。这位自信的使者可能认为他献给汉朝皇帝的都是无价之宝，但在洛阳宫廷里，这些不过是司空见惯的普通物品。欧洲人的第一次东方外交似乎没有引起中国人的关注。

使者还带来了罗马皇帝希望与中国通商的愿望：“（大秦）王常欲通使于汉，而安息欲以汉缯彩与之交市，故遮阂不得自达。”这位使者向汉朝皇帝详细介绍了罗马的情况，加上甘英出使带回的情报，中国人对罗马的认识清晰多了，排除了以前那些神话传说。《后汉书·西域传》中介绍大秦国的一段叙述，相当精彩准确：

“大秦国一名犁鞬，以在海西，亦云海西国。地方数千里，有四百余城。小国役属者数十。”有的学者认为，“犁鞬”就是亚历山大城的译音。

“（大秦）以石为城郭，列置邮亭，皆垩塈之……皆髡头而衣文绣，乘辎軿白盖小车，出入击鼓，建旌旗幡帜。所居城邑，周圜百余里。城中有五宫，相去各十里。宫室皆以水精为柱，食器亦然。”这段文字描述了罗马城都用白灰涂屋顶，罗马男人都理短发（中国人剃发是一种刑罚），穿有刺绣图案的服装，宫殿和餐具多用玻璃。可见当时汉人还不了解大理石与玻璃的区别。

《后汉书》还记载了罗马的政治制度：“常使一人持囊随王车，人有言事者，即以书投囊中，王至宫发省，理其枉直。各有官曹文书。置三十六将，皆会议国事。其王无有常人，皆简立贤者。国中灾异及风雨不时，辄废而更立，受放者甘黜不怨。”

看来，汉朝人已经较为清楚地了解到罗马的议会和执政官选举制度，并以欣赏的口吻提到它。令汉朝人难以理解的是，国王被废黜为什么不怨，因为在汉朝，皇权是一日都不可缺少的。特别是安敦使节来中国时正值桓帝在位，外戚、宦官轮流弄权，汉朝政治乌烟瘴气，正直的士人不是被杀，就是入狱，东汉王朝已经走向末路。东西方的权力观念如此不同，汉朝人只能把罗马人的轮流执政理解为道德的高尚。他们不知道，在恺撒之后，个人专制在罗马就很难行得通了。

在东西方世界开始互相寻找的时候，中国人更多地接触了罗马人，这是一个极好的交流机会。如果中国人继续保持张骞和班超的开拓精神和冒险精神，把丝绸之路一直延伸到罗马城，一定会大大促进世界的文明进程。但中国人没有把握住这个机会。几十年后，由于东汉朝廷的黑暗和腐败，导致了魏晋南北朝(公元220年—公元589年）300多年的分裂和战乱，丝绸之路开闭无常，东西方陆路交通往来进入了低潮期。此后，直至繁荣昌盛的中国唐朝，丝绸之路才重新贯通，成为重要的国际商贸通道。

汉代中国西部边疆的部族

张骞在去世前几年，由于汉朝皇帝对大夏最感兴趣，他一心想从中国西南开辟一条与大夏（巴克特里亚）的通商道路。汉武帝也曾经下令由四川组织一批出口货物西行，但很不幸，他派遣的四个使节都被山区蛮族所阻挡，未能到达他们的目的地。无奈之下，汉武帝又按张骞走过的老路，向西北方向派出了一批又一批使节。使节们带走了武帝送给归顺汉朝的西域诸国君主的“礼物”，返回时又带回这些君主向汉朝表示臣服和友谊的“贡品”。中国古籍也是从此时起以“西域”来指西北边疆及中亚诸国。

沙漠古国——楼兰

《史记·大宛列传》记载，张骞通西域时，就已经知道楼兰是个临近盐泽、邑有城郭的地方。楼兰国最早建于何时，已无法考证。但从当时的记载来看，在西汉初期，楼兰是丝路要道上一个重要的绿洲城邦。它位于汉代中国的西境入口处，在离开敦煌以后，楼兰是丝绸之路的第一个大站口，也是中国向中亚扩展的关口。

楼兰当时只有1500多户、14000多人，但水源充足、物产丰富，而且建有很好的城墙。在汉朝驱逐匈奴、开通丝路和统辖西域的过程中，位于交通要塞的楼兰，起到了十分重要的枢纽作用。大约在

20世纪初发掘的楼兰古国遗址

公元4世纪，繁华的楼兰古国却突然从历史上消失了，从此成了罗布泊荒漠中的一个神秘之地。

要揭开楼兰湮没之谜，还得从汉代开通丝路说起。张骞开通西域后，汉武帝出于打击和驱逐匈奴的战略考虑，采取了管理西域、控制丝路的一系列措施。位于丝路要冲、东接敦煌和河西走廊、西通西域诸国的楼兰，自然成了汉朝与匈奴的争夺之地。《汉书 · 西域传》记述，汉武帝为了联络大宛诸国，派出了很多使团，一年多达十余次。当时受匈奴控制的姑师、楼兰，曾攻掠汉使，这当然是汉武帝所不能容忍的，于是在公元前108年派赵破奴率兵数万进攻姑师与楼兰。小小的楼兰兵力还不到3000人，哪有实力与汉朝大军抗衡。赵破奴只率轻骑七百人就俘虏了楼兰王，接着又攻破姑师，楼兰从此降服汉朝。匈奴不甘心退出西域，又派兵攻击楼兰，争夺对丝绸之路的控制。楼兰王不敢得罪匈奴，派一个儿子入质匈奴，一个儿子入质汉朝。汉武帝得知后，派玉门关守将引兵逮捕了楼兰王，并将他羁押到长安，对他严词责问。楼兰王回答："小国在大国间，不两属无以自安，愿徙国入居汉地。"汉武帝觉得他说的也是实情，便放了楼兰王，遣使送其回国。

由于汉朝对楼兰的控制非常有力，更重要的是汉朝国力日益强盛，在打击匈奴的军事行动中取得了一系列胜利，从而促进了丝路文化交流和商贸往来的繁荣，进一步扩大了汉朝在西域的影响。早期的丝绸之路，由河西走廊出敦煌向西，至楼兰后始分为南北两道，一道向西北通向焉耆、尉犁、龟兹、疏勒，一道向西南可达若羌、且末、精绝、于阗。楼兰人“负水担粮，送迎汉使”，来自大月氏、安息、大宛、乌孙、康居的使者经过长途跋涉，也要来这里补充给养，还有那些频繁往来的商旅，都得在此停留。可以想像到当时楼兰的繁华热闹景象。

但是楼兰王一死，入质匈奴的楼兰王子回国继承了王位，情况随之发生了逆转。楼兰又转而臣服于匈奴，疏远汉朝，还几次追杀汉使。公元前77年，汉朝采取断然措施，派傅介子率勇士数人前往楼兰刺杀楼兰王，而将归顺汉朝的楼兰王子尉屠耆扶立为王，并将楼兰改称为鄯善国。汉朝为鄯善王刻了象征王权的印章，赐其宫女为夫人，备有车骑辎重，非常隆重地送其归国即位。

从此鄯善国取代历史上的古楼兰。但楼兰的衰败并不仅仅是一个更名的问题，随之还发生了许多重要的变化。汉军开始在这里屯垦驻扎，鄯善国都城迁址，楼兰旧都逐渐成了一个被遗弃的旧址。根据史籍记载和出土资料研究，鄯善国都向南迁到了扜泥城，大概在今若羌地区。楼兰遗址发现的木简显示，魏晋时期的西域长史府曾一度设立于此，可见当时的中原政权仍然重视经营地处要道的楼兰，以此来控制丝路，扩大在西域的影响。遗憾的是，魏晋之后，楼兰又一次被废弃，从此再也无法从史书中见到有关它的记载。到唐代（公元618年—公元907年）高僧玄奘西行求法经过此地时，楼兰已湮没在一片荒漠中了。

“天马”之乡——乌孙

“天子好宛马”，汉朝是一个骏马奔腾的时代，历史文献中有许多关于“天马”的记载，考古发现也提供了生动的例证。1969年，在曾是汉河西重镇的武威，发掘了一座东汉张姓将军墓，出土了一套象征汉代大官出行仪仗的铜车马俑，其中有一匹昂首扬尾的铜奔马，三脚腾空，一只脚踏于飞鸟之上。这件罕见的古代艺术珍品，展现了天马行空的形象，那只下落的右后脚，竟然踏上了飞翔的燕子，展现了风驰电掣的形象。

史书中记载的“天马”是对西域良种马的美称，并非神话传说，其得名始于汉武帝时期开通丝绸之路以后。雄才大略的汉武帝，出于抗击匈奴的战略考虑，大力发展骑兵，但汉朝传统的马种并不适合作战，因此迫切需要获得新的优良马种。有一次汉武帝占卜，得到预示说“神马当从西北来”，于是他就派人前往西域寻求良马。当时位于巴尔喀什湖与今伊犁地区的乌孙国，是个出产良马的地方。据《汉书·西域传》记载，乌孙国原是塞人王国，一度被大月氏占据，后来乌孙昆莫击破大月氏，使大月氏西迁大夏，乌孙于是建立了由塞人和大月氏人组成的王国。这个远离长安八千九百里的乌孙国，很快就在伊犁河流域肥沃的土地上强盛起来，到张骞开通西域之时，已有12万户，63万人口，军队有188800人，特别是其国多马，是西域诸国中的一个大国，也是一个敢与匈奴分庭抗礼的强国。张骞曾向汉武帝提出联络乌孙国以“断匈奴贷右臂”的建议，汉武帝觉得很有道理，便派张骞率领三百人的使团，携带大批金帛及数万牛羊，再次出使西域结交乌孙。乌孙昆莫接受了汉朝的礼物，派使者随张骞前往长安，献上良马数十匹作为答谢。汉武帝见到这些骏马神勇非凡、奔跑如飞，兴奋地称之为“天马”。

汉朝从此与乌孙国建立了友好往来。当时匈奴也在拉拢乌孙国，得知乌孙与汉朝交好，就威胁说要攻击乌孙。乌孙为了抗衡匈奴，再次派出使者向汉朝进献良马，并表示希望能够迎娶汉朝公主，与汉朝联姻。汉武帝跟大臣们认真地商讨对策后，答应了这门婚事，要求乌孙先送上聘礼。乌孙送来良马千匹作为聘礼，汉武帝大为高兴，便以江都王刘建的女儿细君为公主，嫁给乌孙昆莫为妻。

汉武帝得到了乌孙的大批良马，却没有停止对西域其他良马品种的寻求。其后，汉武帝又得知大宛国是汗血宝马的真正产地，这种马比乌孙马更加优良。于是汉武帝派遣使者携黄金前住大宛，购买和换取这种良马。大宛王不肯将宝马送给遥远的汉朝，因汉使妄言，还袭杀了汉使，夺取了财物。汉武帝大怒，在公元前104年令贰师将军李广利率领大军十余万人讨伐大宛，发动了长达四年的战争。汉军大获全胜，扶立新的大宛国王，获得3000匹大宛马，并采集了葡萄、苜蓿的种子带回内地。这些汗血宝马送往长安时，汉武帝下令沿途设亭迎接，因此丝路沿线许多地方都建有候马亭。由于大宛汗血马高大健壮，胜过了乌孙马，汉武帝于是将乌孙马改称西极马，而将大宛马称为天马，并作歌道："天马来兮从西极，经万里兮归有德。承灵威兮降外国，涉流沙兮四夷服。"天马的故事，由此而广为流传。获得这批良马后，汉朝很快就建立起了强悍的骑兵队伍，军事力量大大增强。大宛国王自此每年都向汉朝进献两匹"天马"，与汉朝友好往来，建立了十分密切的关系。

神秘的绿洲——尼雅

塔克拉玛干沙漠的南端曾经是一片绿洲，源自昆仑山的尼雅河静静地流过这里，曾经养育过两岸的古代精绝国人。

《汉书·西域传》记载的精绝国，是丝路南道上的一个小国，地域狭小，当时只有480户、3360人，还有一支500人的军队。它的东面是且末国，南面是戎卢国，西面是扜弥国和于阗国。东汉初，精绝国与戎卢国、且末国曾一度被鄯善国吞并，5世纪时吐谷浑人占领鄯善、且末、于阗等国，这里陷入了连年的战乱中。这些曾繁荣

罗布泊中的古代城堡废墟

一时的汉代丝路小国，逐渐走向了衰败。

对于塔克拉玛干沙漠深处的精绝国来说，更大威胁是环境的不断恶化。灌溉系统由于种种原因失去了作用，流沙肆虐，原有的绿洲渐渐消失。据《大唐西域记 · 尼壤城》记述，尼壤城西面二百多里全是沙碛戈壁，一离开尼壤城，向东就进入了大流沙："沙则流漫，聚散随风，人行无迹，遂多迷路。四远茫茫，莫知所指，是以往来者聚遗骸以记之。乏水草，多热风。风起则人畜昏迷，因以成病。"如此恶劣的环境，对于精绝国的生存无疑是个严峻的考验。同楼兰古城一样，尼雅最终也难逃厄运，成了浩瀚沙漠中一处被遗弃的废墟。

1901年1月，斯坦因第一次沿丝路南道在和田境内考察时，听说在尼雅河北端沙漠中发现了古城，并从村民手中得到了出自那个古城遗址的两枚佉卢文木简。他即刻赶到民丰县城，开始寻找古城遗址。经过考察发现，那是一片很大的遗址区。他对一些房屋遗址进行了发掘，获得数百枚木牍和大量的佉卢文书，以及其他许多珍

消失在沙漠中的尼雅古城遗址

贵文物。相隔五年以后的1906年10月中旬，斯坦因再次来到民丰县城，对整个遗址作了详细的调查和测量，对重要的建筑遗址进行发掘，仔细清理了古代遗留的垃圾堆。

斯坦因在尼雅遗址获取的大量出土文物显示，精绝国曾经有过一段较长的繁荣期。在这个时期，它接受了东西方文化和商贸往来的影响。这里有许多规模宏大的建筑，精美的雕刻，成片的居民房舍，丰富多样的木制生活用具，引水的灌渠和很大的蓄水池，以及茂盛的树林。其建筑主要由泥、木构成，木柱与嵌板上遗留有大量的装饰雕塑，表现为浓郁的犍陀罗风格。出土文书上的封泥印记图像，也充分显示了来自西亚与中亚的文化影响。这里出土的佉卢文，其字体与印度西北部贵霜时期碑刻铭文的字体非常相似，说明当地官方使用的语言文字受到了印度的文化影响，也可能包含着一定的政治影响。这可能与来自印度西北部的移民、印度—斯基泰政权曾一度在塔里木盆地活动，以及佛教从阿姆河东传进入此地，都有一定的关系。这里发现的丝绸遗物、出土的中文木简、一批捆扎封泥上加盖有方形篆字“鄯善郡印”的关于土地买卖的契约文书，则充分说明了汉朝文化对这里产生过强烈的影响，反映了中原政权对该地区行政事务的有力管理。

乐舞之邦——龟兹

位于天山南麓和塔克拉玛干沙漠北缘之间的龟兹国，地处丝路北道要冲，是西域三十六国中一个较为强盛的绿洲城邦。据《汉书·西域传》记载：“龟兹国，王治延城，去长安七千四百八十里，户六千九百七十，口八万一千三百一十七，胜兵二万一千七十六人。”西汉时期，龟兹的居民以羌化的小月氏人为主。据《晋书·四夷传》记载，魏晋南北朝以后，龟兹居民“男女皆剪发齐项”，前梳刘海、剪发披肩，这种发型具有印欧语系民族的特征。龟兹疆域南临精绝国，东南与且末国、西南与扜弥国接壤，北临乌孙国，西临姑墨国。它的都城规模宏大，市容繁华，能够铸冶，物产丰富，商贸发达。由于地理位置的重要和国力的强大，龟兹成为匈奴与汉朝争夺的对象。汉武帝时期，张骞开通了西域，卫青、霍去病率军大破匈奴，西域诸国归顺了汉朝，龟兹也不例外，和内地友好往来，关系颇为密切。

汉宣帝（公元前73年—公元前49年在位）时，乌孙解忧公主送女儿到长安学习弹琴和中原传统文化，返回乌孙途经龟兹时被龟兹王绛宾滞留，他派人向解忧公主的女儿求婚，又派使者前往乌孙晋见解忧公主，报告求婚的诚意，解忧公主当即同意了他们的婚事。解忧公主又将此事报告了汉朝，龟兹王绛宾也上书愿与汉朝结为联盟。绛宾与夫人婚后十分恩爱，并一起到长安朝谢。

龟兹文化具有鲜明的西域特色。由于地处丝路北道要冲，这里是东西方文化交流的重要交汇之处，较多地接受了来自中亚、西亚和南亚的文化影响，并与其本地文化传统融合在一起，再通过丝绸之路向东传入内地。龟兹文化对西域诸国也产生了很大影响。

在龟兹文化中，影响最大、最具代表性的是龟兹乐舞。演奏龟兹乐舞使用的乐器，如琵琶、竖箜篌、五弦、横笛、羯鼓、毛员鼓、答腊鼓、铜钹、法螺等，大都来自印度、波斯和埃及。其乐曲旋律也富有异国特色。隋唐时期，西域文化与物产大量传入内地，龟兹乐舞也在内地广为流传，盛唐乐舞的高度繁盛，就与龟兹乐舞传入内地有着极为密切的关系。龟兹乐舞与中原传统音乐相互融合，进而丰富了中国音乐的内涵。

活跃在早期丝路上的中外商旅

在航海尚不发达的古代，远程贸易主要在陆路上开拓和延伸，交易的路途短则数月长则数年。丝绸之路正是一条漫长的商贸路线。往来于丝路上的商旅运载货物主要靠骆驼、马匹、毛驴、骡子等，其中尤以骆驼为主，一支大型的商队常常拥有数十头甚至数百头骆驼。在汉唐最繁荣时期，丝路上的商旅络绎不绝，大型的驼队和马队绵延相接，伴着清脆悦耳的驼铃声，浩浩荡荡地穿越大漠戈壁，出没于绿洲之间。

出产于西域和蒙古高原的双峰骆驼具有极强的载重能力，在翻越帕米尔高原和伊朗高原的远途运输上，充分发挥了沙漠之舟的作用。空前活跃的远程贸易，为丝路沿线的文明古国和城邦要塞带来了兴旺和繁荣，在长达一千多年的岁月中，穿着各式服装、肤色各异的商旅往来不绝，构成了沙漠丝路上最具风情的历史画卷。

繁荣的汉代商贸

丝绸是商队通过丝路远销西方的主要物品，也是最受中亚、西亚、南亚、欧洲人欢迎的货物。一些西域国家随着丝绸贸易的日益兴盛而成为中转站，并积极参与丝绸的贩运。例如丝路南道与北道交汇处的疏勒（今新疆喀什），就是商队西越葱岭之前的重要集散地。又如善于经商的康居国，他们的商人成群结队地赶着骆驼，带着皮毛、香料等货物到长安换成丝绸，然后再贩运到伊朗和中亚等地。历史上地处中亚丝路要道上的安息，商业非常发达，是一个同汉朝贸易关系相当密切的大国，曾长期控制着中国同西方的丝绸贸易。位于地中海东岸地区的大秦，则是中国丝绸的最大消费国，为了打破安息对丝绸贸易的垄断，曾与安息发生多次战争，并试图寻找和开辟直接与中国交往的新途径。

西出长安前往西域的中国商队，是贩运输出丝绸的一支主力。汉朝派出的使节，往往就是官办的贸易队伍，庞大的驼队携带着大量的缯帛、黄金和牛羊。每年都有成批的使团，沿着丝路，经过长途跋涉，和远方的塞人、大月氏人、波斯人、希腊人、印度人打交道，交换商货，沟通关系。中国的商队在汉代就已到达中亚、西亚、南亚的许多国家，在阿姆河流域、里海北部、伊朗高原、北印度、美索不达米亚、叙利亚，以及地中海沿岸，都留下了他们的足迹。

汉武帝是个注意博采各国长处，以发展中国自身经济、文化的统治者。他在长安以西的上林苑（用来打猎娱乐的皇家林苑）修了一座别致的离宫，这座离宫本身就是中外文化交流的结晶。离宫门口的石狮子，是按照安息狮子的样子雕成的。这可能是中国用以镇门的石狮的最早起源。离宫殿内的屏风，画着开屏的印度孔雀，椅子和茶几，嵌以和田玉石。宫内点着香料，陈列着安息鸵鸟蛋以及千涂国的水晶盘了。离宫较远的地方，种着从大宛来的紫花苜蓿和葡萄。上林苑里还养着狮子、孔雀、大象、骆驼、汗血马和其它珍禽异兽。至于其他宫殿，外来的奇珍异宝更是不少。《汉书·西域传》曾经这样记载汉朝的富足："明珠、文甲、通犀、翠羽之珍，盈于后宫；蒲梢、龙文、鱼目、汗血（大宛骏马）之马充于黄门。巨象、狮子、猛犬、大雀之群，食于外囿。殊方异物，四面而至。"

罗马胶传入中国并被认识，则经过了一番曲折过程。据汉武帝时东方朔所著《海内十洲记》记载，这种胶是一种优质骨质胶，能粘接折断的弓和刀剑，接续之后，即使其他地方折断，续接的地方也照样不断，所以被称作续弦胶。武帝天汉三年四月（公元前98年），“西国（即罗马）王使至，献此胶四两，武帝受以付外库，不知胶……之妙用也。以为西国虽远，而上贡者不奇，稽留使者未遣。又时，武帝幸华林园射虎，而弯弦断，使者时从驾，又上胶一分，使口濡以续弩弦（胶上粘了口水将弩弦接好）。帝惊曰：‘异物也’。乃使武士数人，共对掣引之，终日不脱，如未续时也。胶色青如碧玉……帝于是乃悟，厚谢使者而遣去。赐以牡桂、干姜等诸物，是西方国所无者”。这个传胶的故事虽未被正史记载，但无疑是罗马传入中国的一种实用产品。对罗马的著名香料——苏合香，汉代似乎有着较多的了解，并在宫廷之中使用。《后汉书 · 西域传》中，就有“会合诸香，煎其汁，以为苏合”的记载。晋代司空张华所著《博物志 · 异产》一节，记叙了西国使节向汉武帝献过三枚如枣的香丸，汉武帝起初并没有重视。后来等使节回国后，香丸忽然飘出香气，过了很长时候也不停息。这个记载很像史书所说的苏合香或兜木香。

此时由西域传来的物产还有鹊纹芝麻、胡麻、无花果、安石榴、绿豆、黄瓜、大葱、胡萝卜、大蒜、番红花、胡荽、酒杯藤和玻璃、海西布（呢绒）、宝石、药剂等。甘肃位于传入这些物产的通道上，因而也是这一时期国际和国内交流的获益者。千百年来，遍植于甘肃的胡麻、蚕豆、豌豆、胡萝卜、葱、大蒜以及核桃，其原种最早都来自西域，史籍对此有许多记载。比如鹊纹芝麻来自大宛，李时珍的《本草纲目》卷二十三中说：“汉使张骞始自大宛得油麻种，故名胡麻，以别中国大麻也”。再如黄瓜，李时珍说是张骞出使西域得来的，原名胡瓜，隋大业四年，避讳改胡瓜为黄瓜。又安石榴，即安息石榴，原产伊朗、阿富汗等国，《博物志》也说是张骞带回的，因形状似瘤，故名石榴。石榴传入中国后原在长安城周围种植，唐代逐渐扩大。离长安二十五公里的临潼，因自然条件得天独厚，所产石榴的品质最好，至今仍为中国名产之一。

在频繁的贸易往来中，高度发展的汉文化也传到了西域。中国西传的著名产品有漆器、竹器、铜钱、生姜、肉桂、大黄、土茯苓，当然最重要的还是丝绸、铁和铁器。

当时中国已有相当数量的铁和铁器输出，安息王朝就由中国输入过铁和铁器。运输路线既有经陕西、甘肃、青海、西域的丝绸之路，也有从四川经云南入缅甸和印度北部、再由印度西北入南附（今阿富汗喀布尔）抵达安息东部的道路。罗马史家普卢塔克称安息骑兵的武器为“木鹿武器’，木鹿城在安息北部（今土库曼斯坦的马里城），是中国铁和铁器的集散地。中国铁和铁器还通过安息流入了西方，传到了罗马。罗马学者普林尼在其著作中，称中国铁为卓越的产品。

汉朝的冶金铸造技术和打井技术也由此传到了中亚。大宛原来是不知冶金铸造技术的，《史记 · 大宛传》说：“自大宛以西至安息……不知铸钱器。及汉使亡卒降，教铸作它兵器。得汉黄、白金，辄以为器，不用为币。”大宛学得了冶铸术，不仅铸造了新的兵器，还铸造了生产用具，他们的铜犁、木犁随之也逐渐改为铁犁。汉武帝派李广利进攻大宛，将其团团围住，“宛土城中无井，皆汲城外流水”，李广利就断水围困，后来听说“宛城中新得秦人（中国人），知穿井，而其内食尚多”，才同意讲和。此次战争，大宛无疑得益于从中国学会了地下穿井的技术，也由此证明这项技术对那里的生产、生活都是极为有用的。

跨国商贩——希腊人和犹太人

希腊人世代都是冒险商人。时至今日，在整个红海（古代厄里特利亚海）和印度洋，从塞得港一直到马达加斯加，我们还可以看到许多由希腊人开办的大型商行，在那里经营欧洲货。

在亚历山大大帝时代，所有陆地上的冒险者和航海探险家都被吸引而来，从马赛到巴比伦，希腊人聚落星罗棋布，并且还扩展到了阿富汗和中亚的印度—希腊人王国。商行到处呈现出一派买卖兴旺的景象。罗马帝国创建伊始，地中海的大部分贸易都由希腊人和罗马人操控。甚至在罗马，许多代理商都是希腊人。希腊人的商务所财源茂盛，欣欣向荣，他们在首都中心街头建立了许多阔气的商店。希腊语成了商业语言，甚至犹太人也操起了希腊语。海路的船员和船长们也都是希腊人或叙利亚人，他们穿梭往返于整个地中海地区，从叙利亚海岸和亚历山大港出发，把东方货物一直运到罗马。在这些东方货物中，最受欢迎的仍是丝绸，它们来自中国，并在叙利亚重新进行了加工。商人们又把意大利的葡萄酒和其它成品，如高卢或西班牙的原料，甚至包括来自日耳曼地区的蛮族奴隶，装上船，运往亚历山大；有时候也空船出发，或以扁豆袋压仓。他们很快便冲过地中海的界线，大胆地向世界扩张。我们知道，希腊人蒂蒂亚诺斯最先探索了远涉“赛里斯”国进行贸易的可能性，《厄里特利亚海航行记》的作者肯定也是一位希腊人。在一些著名的地理学家中，也有许多希腊人。

另外，还有一个非常敢于冒险的民族，他们已经控制了很大一部分贸易事业，且历来又注重朝这一方向发展，他们就是犹太人。

我们所称的犹太人，又叫希伯莱人或以色列人。当时的罗马帝国则称他们为犹太教徒、巴勒斯坦人或耶路撒冷人。这是一个聪明、勤劳、善于经商的民族，同时也是一个隐忍安宁的民族，只要别人不触犯其信仰，就不会“惹是生非”。他们优秀的才干和坚韧不拔的精神，被用于为自己和罗马人谋取最大的福利。

在罗马帝国奥古斯都执政期间，人口众多的巴勒斯坦居民，加上分散于罗马帝国各地的犹太人，总数有六七百万左右。犹太人人口增长较快，活动能力又强，在地中海沿岸国家的经济、政治和思想领域都起着重要作用。他们的足迹遍及四方。罗马人流传：“凡是有人栖居的区域，很难找到没有犹太民族趋身避难之地，或者说，世界上没有未曾被他们占领过的地方”。

在巴比伦有犹太人的移民区，这是亚历山大征服此地后把他们安置在那里的。在亚历山大城也有一个占地相当广阔的犹太人聚落，同样也由亚历山大大帝创建。许多较小的犹太移民区如繁星一般，分散在世界各个角落：意大利的西西里和撒丁岛、西班牙、高卢、日耳曼、大不列颠、多瑙河流域各地、黑海沿岸地区、希腊各岛屿、小亚细亚和叙利亚、亚美尼亚、波斯诸省、阿拉伯半岛和北非，甚至在罗马也是这样。西塞罗在公元前59年的一次讲演会中，着重介绍了一个小犹太区，并赞扬了居民们的勇敢精神和精诚团结。这个小犹太区人数从奥古斯都时代的七千人迅速增长，很快就占罗马城全部市民的十六分之一了。由于他们曾经以耶路撒冷城的军队救援过古罗马共和国，作为犒赏，他们享有在整个罗马疆域内自由施教的特权，并且还被允许以极其严厉的、甚至是排斥异己的方式进行布教。他们还被特许在犹太教堂里用对耶稣的祈祷来代替对皇帝的供奉。一些明智之人考虑到犹太人大规模活动所带来的盛景，也承认了他们的其它一些特权，例如在星期六不被传讯，不被征募，平安地度过安息日和遵守食物戒规等。

犹太人还享有在帝国内部以独立团体进行生活的特权，他们拥有自己的社会机构，

公元前6世纪末古希腊大理石“柯拉立像”，曾被敷上艳丽而丰富的色彩。

自己的头人和法庭、宗教学校和犹太教堂。犹太教堂中具有避难权，对于犹太人宗教信仰的仪式要绝对保持神圣性。元老院还在经济方面赋予他们许多特权。公元前59年前，元老院的一道法令禁止黄金流向帝国之外。而犹太人则照例向耶路撒冷缴纳什一税。在数千名武装人员的保护下，商队一年一次地把各犹太居住区进贡的黄金运往耶路撒冷。罗马法律中对犹太人特权的维护持续了三个多世纪，并严格要求帝国的所有团体都尊重犹太人。

犹太人的居民网点布满了整个罗马帝国，足迹踏遍了世界各地；他们到处都组成了结构严密、行动协调的团体。犹太人之间有千丝万缕的联系，既有家庭关系，私人友情，又有商业往来，这种关系或是通过不断的联络，或是通过他们共同的主人——耶路撒冷大主教而得以维持。犹太人在政治、法律和宗教方面联结成一张大网。尽管犹太人居住得犹如一盘散沙，但这张网又把他们联成了一片，结成了一体，这也是罗马帝国形成统一和避免分裂的重要因素之一。

在亚历山大港，犹太人垄断了江河航运。他们是商业的承包人，并且在叙利亚开辟了市场。他们还以琉璃匠人、丝绸工人和印染工人闻名于世。难道丝绸、印染、琉璃和商队不可以组成一个颇有意味的整体吗？因此不难推想，他们也操纵了一部分同远东的丝绸贸易。

犹太人在巴比伦学会了纺织工业技术，耶路撒冷和亚历山大变成了犹太人的大型纺织中心。丝绸刚一进入工业领域，犹太人就掌握了纺织工艺，贝鲁特很快就成了犹太丝绸工人的中心。至于印染工业，这也是犹太人的专长之一。在叙利亚，在希耶拉波利斯（Hiérapolis），印染紫红色布的犹太工人相当众多，甚至在巴勒斯坦、萨尔普塔、内亚波利斯和利达等地，犹太人向全世界出口染色印花布。公元2世纪时，一些职业团体由清一色犹太人组成。在巴勒斯坦的某些地方，全体居民的职业就是印染紫红布。有些希伯莱语的文书指出，公元3世纪初，在推罗有两位犹太人也开始经营丝绸贸易。在罗马帝国时代，商品生产者同时又是商人，商人家庭把在遥

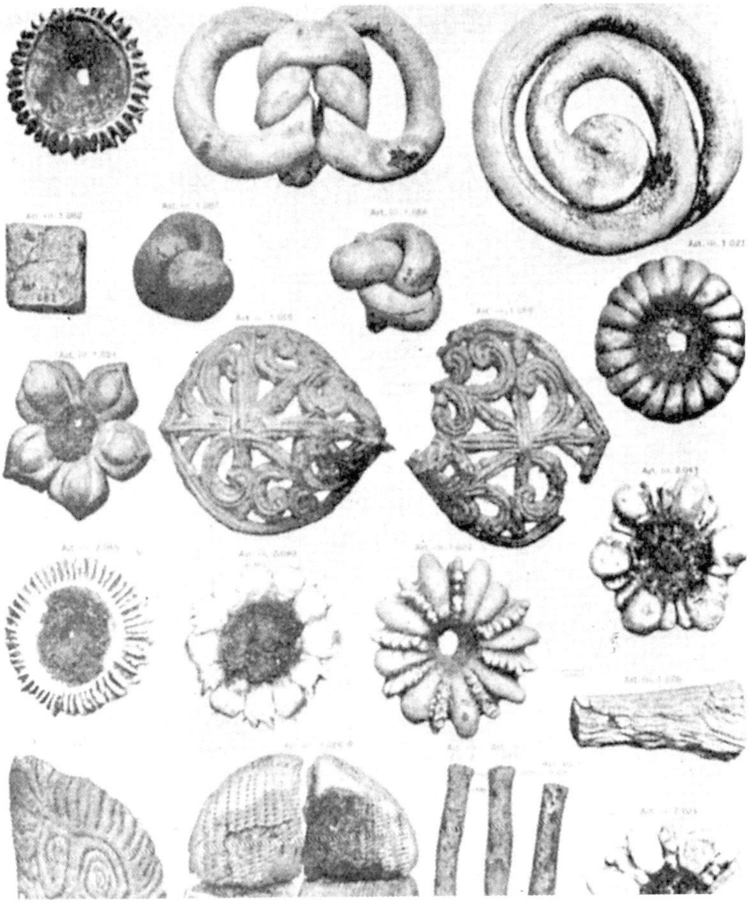

丝路古道出土的古代面食

远地方的"买卖"委托给一些奴隶雇员或顾客代之进行。因此，丝绸从其制造者运抵罗马的消费者手中，并不一定几易其手，经常是一个家庭通过波斯中间商买到中国生丝，经过纺织和染色之后，贩卖到地中海沿岸。丝绸家庭大都是犹太人、推罗人和希腊人。

犹太人又多为琉璃工匠，他们还因此拥有了支付丝绸的交换货物：琉璃工艺品和项链珠子。而很多的犹太大商人常常又是银行家，因为有足够的资金参与远程贸易，从公元4世纪起，他们越来越多地开始经营各种异国产品，其中包括来自遥远中国的丝绸。

佛教沿丝路传入中国

两种高度发达的文明经过几个世纪的接触，必然在各个领域引起互相的交融。印度佛教与中国儒家、道家文化的结合，极大地影响了世界文明史。

佛陀东来

佛教诞生在尼泊尔，由一位充满仁慈的王子释迦牟尼创立。他生活在北天竺迦毗罗卫国的净饭王和摩耶王后宫廷中，时间约在公元前563～公元前483年之间。释迦牟尼王子舍弃了世俗生活而去隐居，最后悟道成佛——世界仅仅是一条非永久性的长河，最终汇积成了苦难。

当中国的东汉王朝走向崩溃的时候，分裂取代了统一，战乱取代了昔日的安定和繁荣。长达300多年的内乱，使中国的大门几乎处于关闭状态，两汉时期丝路上客商往来、贸易频繁的景象基本中断。居住在西域和其它边远地区的少数民族不断迁往内地，开始了民族融合的漫长过程。

可能是历史的巧合，就在遥远的印度产生了佛教的创始人释迦牟尼的同时，中国也诞生了儒家文化的创始人孔子和道家文化的创始人老子。东汉时期，正当儒教走向经学、趋于僵化时，佛教却以其强大

敦煌藏经洞内的佛教故事绢画

的生命力成为意识形态的主宰。据汉文史料记载，第一位赴华布道的高僧来自天竺（古印度），佛教由丝绸之路传入中国，之后便成为魏晋南北朝时期（公元265年—公元589年）思想文化的主流。

佛教东传始于东汉中期。据《后汉书》记载，东汉明帝夜里梦见一位遍体金光的神人从天而降。第二天召集大臣询问，博学的大臣博毅回答说，听说西城有神，名叫“佛”。陛下梦见的一定是它了。明帝立即派官员蔡愔等人由丝绸之路前往天竺（古印度），寻访佛法，途中遇见了两位由天竺来中国传教的法师摄摩腾和竺法兰。在蔡愔的邀请下，二位高僧用白马驮着佛经佛像，与蔡愔等人一同来到东汉的都城洛阳。明帝下令为他们修建一座寺院，为纪念白马驮经，取名“白马寺”。摄摩腾和竺法兰长住寺中直到逝世，把佛经译成了中文。这座著名的古寺至今仍屹立在洛阳东郊，寺门外立着白马石雕，寺内摄摩腾、竺法兰两位传教高僧的墓前松柏长青。

在先后从西域沿着丝绸之路到中国传教的僧人中，比较著名的还有安世高、佛图澄、鸠摩罗什等人。

据《高僧传》记载，安世高是安息王子，因信奉佛教，厌弃宫廷尘世，一生以游历和传教为业。东汉桓帝时，他由中亚沿丝绸之路来到东汉的都城洛阳定居，从事佛经翻译，20余年间共翻译佛经30余部，可谓有开创之功。佛教在中国的传播，与安世高在洛阳译经有直接关系。他为中印宗教文化交流付出了巨大努力，受到了后世门徒的尊敬。

佛图澄是来自西域龟兹的僧人，有的史书说他是天竺人。他在西晋（公元265年—公元315年）末年，由西域来到洛阳，不久战乱爆发，便投靠到羯族首领石勒门下。佛图澄为人精明，又善于玩弄幻术，凶猛剽悍的石勒被他当众玩弄的魔术迷住了，以为他有大法术。佛图澄凭着灵敏的政治嗅觉和判断力，又为石勒预言了几次战事，都很灵验。石勒非常佩服他，尊称佛图澄为“大和尚”。中国称有道行的僧人为和尚，就是从这时开始的。

此后不久，又有一位天竺高僧鸠摩罗什来到中国，他对佛教在中国的传播起到了重要作用。鸠摩罗什出生在世代相国之家，其父鸠摩罗炎是一位学识渊博的佛教徒，不愿继承相位，离家出走，越过葱岭，来到西域的龟兹国。龟兹王是一位虔诚的佛教信徒，就聘请鸠摩罗炎为国师，讲经传教，并把自己的妹妹许配给鸠摩罗炎为妻，生下了鸠摩罗什。鸠摩罗什7岁即出家，博览佛经，20岁就成为龟兹国远近闻名的学者。西域诸王轮流请鸠摩罗什去讲经，每次大会，诸王都长跪宝座两侧，听鸠摩罗什侃侃而谈。这位高僧的渊博学问和雄辩的口才，使听者如痴如醉，心悦诚服，他的名声也因此越来越大。

斯坦因在米兰遗址附近的佛寺中发现的印度皮珊多罗王子本生故事壁画

后来，鸠摩罗什的母亲要回天竺，临行前对他说：你的学问已经很高，应该把佛教传往东方，这是你光荣的义务。但这件事对你本人并没什么利益可图，你打算怎么样？鸠摩罗什回答说：只要能让大义流传四方，我受再多的苦也不后悔。当时统治关中的前秦君主苻坚听说鸠摩罗什的大名，有心要迎他前来传教，就派大将吕光率领七万大军，于前秦建元十八年（公元382年）西征龟兹。次年吕光攻破了龟兹，并扫荡了西域30多个小国，满载掳获的珍宝和鸠摩罗什东还。

吕光看到鸠摩罗什只是一个20多岁的青年，不相信他有多么高的道行，多次戏弄他。鸠摩罗什以佛教徒的精神默默忍受，弄得吕光反而感到很惭愧。一天夜里，吕光军队宿营在山脚，鸠摩罗什预感到天气异常，劝吕光转移到山顶宿营，吕光没有理睬。半夜里果然暴雨滂沱，山洪倾泻而下，淹没了几千军士。从此吕光一改往日的骄横，对鸠摩罗什另眼相看，凡事向他请教。

吕光父子对佛教并不关心，鸠摩罗什在那里无所作为，只好终日钻研经典和汉文。后秦君主姚苌占据关中后，有意请他去长安。吕光恐怕鸠摩罗什辅佐姚苌，对自己不利，坚决不放鸠摩罗什。直到后秦弘始三年（公元401年），后秦君主姚兴派遣大军西征后凉，灭掉吕氏政权，鸠摩罗什才被送往长安。姚兴隆重地欢迎鸠摩罗什的到来，尊他为国师，让他在长安西明阁和逍遥园专心译经。鸠摩罗什晚年在草堂寺（在今陕西户县）传教，受业僧徒有3000人，足见规模之盛。公元409年，鸠摩罗什在长安病逝。死后按印度风俗进行火化，骨灰藏于草堂寺。

鸠摩罗什是一位严谨勤奋的高僧，他精通梵文和汉文，在长安的8年中，共翻译了印度佛经98部，计425卷。此前由于语言文字的障碍，佛经的翻译大多是节选或意译，鸠摩罗什凭着渊博的佛学知识，把印度佛经中的重要经典准确地译为中文。在译经时，鸠摩罗什手持梵文经卷，用中文朗读其句章，遇见比较难译的词句，便与在场的弟子商讨研究，直到找到最确切的译法。鸠摩罗什的翻译工作不仅传播了佛教经典，而且还大大提高了中国学者的梵文水平。

魏晋南北朝时期，由印度和西域来传播佛教的僧侣不避艰险战乱，克服了种种困难，经丝绸之路来到中国内地，以毕生精力完成他们的使命，他们不仅传播了佛教经典，而且把佛教艺术带到了中国，在丝路沿途留下了许多艺术瑰宝。

西行取经的早期僧人

西域僧人来中国传播佛教，也引发了中国僧人前往西域和印度取经的壮举。当时中国佛教传播的范围很广，庙宇遍布全国各地，而经典不仅十分缺乏，也因翻译水平的低劣而经常引起了理解上的分歧。于是，一些中国僧人立下宏愿：要到西天把真经取回来。

中国史书记载中，最早西行取经的是三国时期（公元220年—公元280年）的朱士行，他于公元260年到达于阗。西晋时，竺法护到过葱岭，僧建到过今阿富汗境内。东晋时代（公元317年—公元420年）的法显是第一位到达印度取经的中国人。

法显，俗姓龚，山西临汾人，后秦初年居长安为僧。当时鸠摩罗什尚未到长安，佛经缺乏。法显与慧景、道整、慧应、慧嵬等几位僧人商定去天竺求经。公元399年3月中旬，法显一行人从长安出发，一路西行。

在四顾茫茫的塔克拉玛干人沙漠，他们“视日以准东西，望人骨以标行路”，冒死越过沙漠。在翻越五千二百多米高的苏纳曼山时，慧景在风暴中被冻死了。他临死前对法显说：“吾其死矣，卿可前去，勿得俱殒”。慧景死后，法显流着眼泪继续奋力西行。经历了难以想像的艰难困苦后，他们到达今克什米尔、巴基斯坦、印度、斯里兰卡等地，终于遍游了佛教圣地印度的王舍城、灵鹫峰、华氏城（波吒匣子城）和孔雀王朝的发源地摩偈陀国（今孟加拉国一带）等地。

法显在印度共住了三年，学会了梵文，亲手抄写了许多佛经。

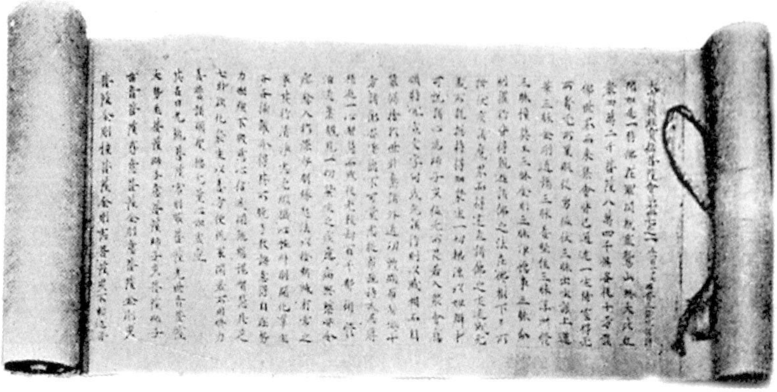

敦煌藏经洞内的中文写经本

后又随商人渡海，到了当时被称为狮子国的斯里兰卡。在斯里兰卡住了两年，得到了中国当时没有的《弥沙塞律》、《长杂二含》、《杂藏》等经。此时法显离开中国已经多年，寒暑变迁，越来越想念祖国，同来的十多个同伴，有的沿途留了下来，有的死了，只剩下他孤身一人。有一天，在斯里兰卡的玉佛寺的佛像前，他看到商人用一柄中国的白团扇供佛，不禁见物生情，怀念故国，凄然泪下。于是他决心经海路返回中国。

公元412年7月，法显回到了中国青岛。他从印度等国带回了大量佛经，并根据自己的经历写了一本《佛国记》，成为研究西域诸国、印度历史和丝路历史文化的重要著作。犍陀罗王朝和印度笈多王朝时代的历史，主要靠法显著作的记载。而印度伐占那王朝戒日王时代的历史，则有赖于唐代玄奘法师的著作《大唐西域记》的记载。所以，印度史学家阿里教授说过："没有法显、玄奘和马欢（明代人，曾作为翻译随郑和下西洋，著有《瀛涯胜览》）的著作，要想重建印度的历史是决不可能的"。

法显回到中国103年之后，也就是公元516年，甘肃敦煌僧人宋云受北魏胡太后之命又开始了艰难的西域之行。他出发前住在北魏都城洛阳，和他结伴而行的是洛阳崇立寺的和尚惠生。二人从洛阳

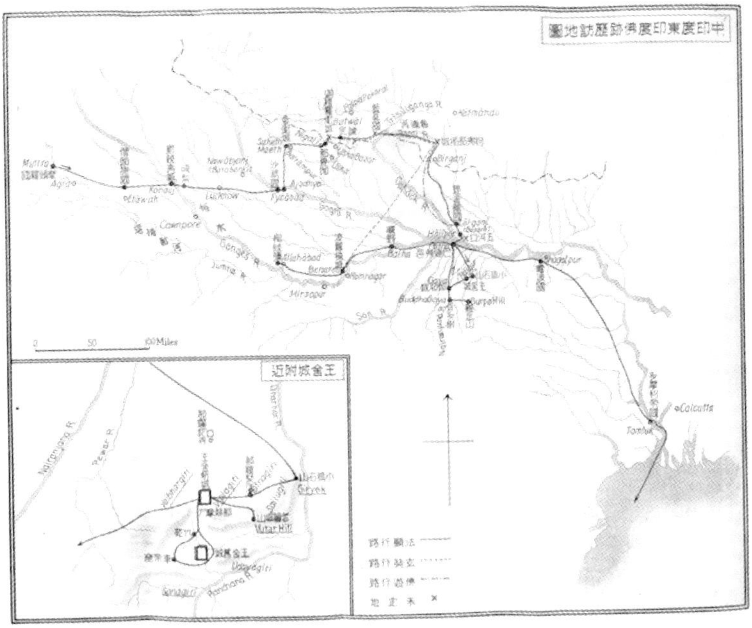

法显在印度寻访佛迹线路图

法显所著《佛国记》有世界影响，凡有“汉学”或称“中国学”的国家，必有此书的译本。

出发，四十天后到达青海，横贯青海后到达罗布泊南的鄯善，过了且末、于阗、塔什库尔干进入阿富汗，再越过兴都库什山进入古赊弥国（巴基斯坦的奇特拉尔）。公元522年，他们返回到洛阳，带回经书一百七十部，并留下了有关旅途的珍贵记录。

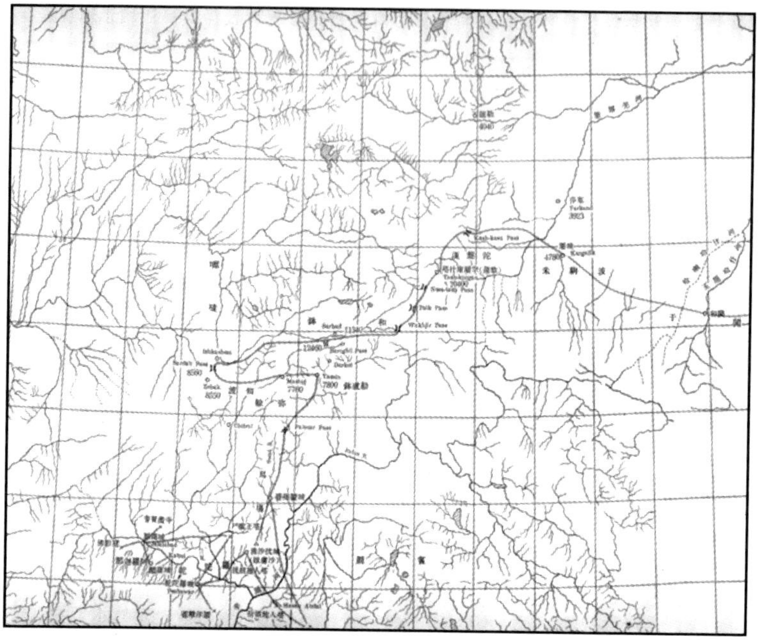

宋云西行路线图，收于《洛阳伽蓝记》。

宋云和惠生曾到过乌场国都城（今巴基斯坦斯瓦特河沿岸），参观了陀罗寺和如来佛遗迹，向国王介绍了中国的周公、孔子、庄子、老子和星相家管辂、名医华佗等人物。乌场国王听后十分高兴，对他们很友好，称他们是日出之国来的人，并表示自己非常向往中国。宋云和惠生还到了古犍陀罗城（巴基斯坦的白沙瓦），他们在这一带的行踪在巴基斯坦人中流传很广，现在还有人能说出这段友好交往的故事。宋云、惠生都写过游记，可惜两书已经失传，幸好北魏秘书监杨衒之曾经依据《宋云家纪》、《惠生行记》、《道荣传》中有关记载，辑成《宋云行记》，附于《洛阳伽蓝记》之内，成为了中巴、中印交通史的重要研究资料，颇受学者们的重视。

丝绸之路西端的争斗

公元3世纪，整个欧亚大陆遭受了一场广泛而深重的动乱。在西部，罗马帝国遇到了严重的经济危机，亚历山大城和拜占廷（它是地中海和黑海、欧洲和小亚细亚之间的交通要冲）很快就取代了罗马城的地位。在东方，中国的汉朝瓦解，大一统的中央集权崩溃，领土四分五裂。在中亚，贵霜帝国的势力范围已经缩小，其西部和北部被近邻波斯鲸吞蚕食，而在伊朗高原，一个新的萨珊王朝（公元224年—公元651年）正欣欣向荣，变得越来越贪婪和富有侵略性。而北方未开化的蛮族由于不断的动荡，开始了由东向西的迁移。

中国政权动荡的直接后果是中断了中国与西域的联系，丝绸贸易也中止了整整一个多世纪。罗马帝国和中国的交流史上出现了一段空白。

在西方，从公元270年左右起，经济开始复苏。在几轮铁腕皇帝的大力推动下，罗马军团与蛮族帝国展开了对边境地区的争夺战，并与波斯分庭抗礼。公元297年，戴克里先（公元284年—公元305年在位）收复了美索不达米亚和亚美尼亚，后者一直是波斯和罗马两个帝国争端的祸根，这样就稳定了罗马与波斯的边界，使罗马帝国与萨珊王朝和睦相处了40余年。公元330年，罗马帝国首都迁至君士坦丁堡。

此时此刻丝绸的命运如何呢？公元430年左右成书的《后汉书》

为我们提供了这方面的资料。该书一方面说大秦国“人俗力田作，多种树蚕桑”，另一方面又说那里“刺金缕绣，织成金缕罽，杂色绫”。难道在公元430年左右，也就是重新打通中国北方与中亚的陆路交通之前，地中海沿岸诸民族就已经掌握种桑养蚕的技术了吗？

当时西方使用丝绸的兴趣并没有锐减。当萨珊国王夏布尔二世于公元360年左右短期征服了属于东罗马帝国的叙利亚之后，特别诏令搜集一批叙利亚的丝绸工业专家、纺织家和印染家，并把他们劫持到了远离东罗马的苏萨，这大大促进了波斯丝绸工业的发展。而在此之前，波斯商人主要是赴印度采购这种丝绸。

丝绸在东罗马帝国的消耗量越来越大了，并且有了新的要求。基督教成为国教后，基督教徒们也开始穿戴丝绸，并用丝绸做教堂的帷幔。尽管某些主教通过各种途径提出抗议，但无济于事。从此开创了教会大搞豪华排场的先例。后来，该城又兴起用丝绸裹尸以安葬要人的习惯。所有这些新的需要必然会大量消耗丝绸。公元301年，戴里克先皇帝诏谕把每磅赛里斯生丝的价格定为274个金法郎。丝绸对东罗马帝国是如此的重要，以至于丝绸价格的浮动成了反映帝国政治稳定与否的晴雨表。

另一方面，丝绸也成了影响拜占廷帝国各项政策的一种重要因素。我们发现很多地方都有关于丝绸的记载：海关条例、和平条约、商行章程、限制奢侈法等；丝绸的影子甚至也进入了宗教祈祷中，主教们就经常揭露丝绸舞弊事件。丝绸所引起的第一个不祥之兆，来自于拜占廷皇帝们所采纳的统制经济政策。这是一个他们永远不能摆脱的恶性循环。为了支付与波斯人和蛮族人交战的四十万大军的军饷和给养，拜占廷的国库非常空虚。为了扩充国库，只有一条捷径可循，那就是增收赋税、实行专利专卖权和推行统制经济。税务机构把主要注意力集中到了丝绸方面，国库对丝绸严密控制，严加管理。公元297年，戴克里先皇帝（公元284年—公元305年在位）同纳尔塞斯国王协商指定尼西比纳为两国惟一的丝绸交换中心。实际上，这只是一座关税城。在丝绸交易方面，其它任何地方都不允许不同国家之间买卖丝绸。这一禁令不仅限制了拜占廷人和萨珊人，也打击了那巴提安人和“北狄”各民族。稍后不久，关税城发生变迁。从公元4世纪起，进口丝绸贸易完全要通过萨珊中间商进行。

当时，东罗马帝国与中国处于隔绝状态。由中国北方发端的丝绸之路暂时出现与外部世界隔绝的局面，就连西域段和阿富汗段也没有中国商人往来了。在北方，蒙昧民族禁止异族人在多瑙河或黑海一带通行。在东方，萨珊王朝是最难逾越的障碍，东罗马与萨珊王朝摩擦不断。在南方，有红海天堑，自从2世纪末以来，罗马船只已停止乘季风开往印度，红海的控制权转入到埃塞俄比亚人和伊朗人手中，继而又越来越被波斯人操纵。东罗马不得已放弃了与东方的直接贸易，而以高价从波斯人手中采购。萨珊人很快就变成了远东贸易的大主顾和大老板。

自从居鲁士大帝（公元前590年—前529年）领导波斯人在公元前550年建立起了一个巨大的中东帝国后，直到罗马人到来以前，波斯帝国一直是那一地区最大的国家。马其顿国王亚历山大大帝（公元前336—公元前323年在位）于公元前334年率领强大的骑兵队伍打败了波斯国王大流士三世（公元前336—公元前330年在位）的希腊雇佣军，推翻了波斯帝国，并乘胜带领马其顿军队前往印度，为由领土国家组成的希腊世界奠定了基础。但其后的马其顿塞琉西亚国家被当地的安息人夺去土地（公元前247—226年），又由安息人在这里建立了一个讲希腊语的帝国。与罗马人几乎是无休止的冲突削弱了安息帝国，这一地区又落入来自法尔斯的萨珊人（伊朗人的一支）手中。萨珊人推翻安息王朝，创建了一个帝国。在公元3世纪时，萨珊王朝领土大为扩张，北起粟特和伊比利亚（格鲁吉亚），南至阿拉比亚的马宗地区，东达印度河，西迄底格里斯—幼发拉底河流域。强大的萨珊王朝试图采取各种办法，保护自己在领土征服上的成果以及经济方面的垄断特权，其中最能牟取暴利的就是从事中国丝绸的转口贸易。

从4世纪开始，始发于美索不达米亚海岸的伊朗萨珊船队穿越红海，前往印度或锡兰的港口以搜寻来自中国南部的物资。中国的远洋帆船队在公元220年～公元280年间，也曾绕过了古人所称的“金洲”（马来西亚），冒险抵达锡兰。一时间，这条海路变得异常繁忙，并且一直被沿用下来。这条海路从公元240到公元440年整整两个世纪里，极有可能担负起了丝绸贸易的任务。

在经过了长达40年的丝绸贸易战争后，公元408年和409年，西罗马帝国皇帝霍诺留（公元395年—公元423年在位）和东罗马帝国皇帝狄奥多西二世（公元408年—公元450年在位）又与萨珊王朝签订了丝绸贸易协定。公元528年，拜占廷帝国又与波斯发生战争，其结果导致穿越亚洲大陆的大商路——丝绸之路的中断。公元531年—公元532年，查士丁尼一世被迫与萨珊国王库斯佬一世签定和约，向其纳贡求和，此后，他调整对外贸易关系，由拜占廷商人从中国走私蚕丝，建立了制丝业，此后摆脱对萨珊生丝贸易的依赖。公元540年，双方爆发了第二次丝绸战争，结果是又签定了50年的和平条约。公元571年，在西突厥汗国的支持下，东罗马帝国又与波斯帝国开始了长达20年的丝绸贸易战争。就这样，为了以最低廉的价格得到蚕丝，也为了打通东方商路，萨珊王朝与拜占廷之间爆发了一场旷日持久、长达三个多世纪的激烈战争，以至为战争付出了高昂的代价——公元640年，衰弱的萨珊王朝被阿拉伯穆斯林轻而易举地征服了。

开放的盛唐：丝绸之路的黄金时代

唐朝是中国历史上最强盛的王朝，中国中原和西域地区又一次实现了大一统的局面。在唐前期100多年的时间里，国家昌盛，对外关系也呈现出前所未有的开放局面。当代西方史学家称唐朝是一个“开放的帝国”，长安是“世界的首都”。世界各国的人，包括波斯商人、粟特巧匠、罗马教士、阿拉伯水手、印度佛教徒、日本遣唐使，以及伊斯兰教徒、袄教徒，都聚集到中国来。中外经济贸易与文化交流的活跃开展将丝绸之路带入了它的黄金时代。

国际大都市——长安

唐代的长安城是一座雄伟壮观的都城，它是当时世界上最大的都会，更是东方文明的中心。因此吸引着成千上万来自世界各国的商人、旅行家、学者和不同信仰的宗教徒——他们有的在丝绸之路上万里跋涉，有的冒着生命危险飘洋过海，都怀着同一个目标：到中国去，到长安去。

长安城是中国古代建筑艺术的杰作，城市呈长方形，南北长8.4公里，东西长9.7公里，面积有81.8平方公里。金碧辉煌的皇宫——大明宫，雄踞于城北的龙首山上，巍峨的含元殿是皇帝接见外国使

伯希和转运到法国的敦煌写经画

者的地方。当时来中国朝贡的使者踏着上百级的台阶，仰望皇宫内壮观的宫殿，仿佛进入了仙境。城中的主干道朱雀大街竟有155米宽，而当时罗马最宽的大街只有12米。整齐均衡的城内布局，整齐划一的街巷，繁华热闹的东西两市，造型优美的大雁塔、小雁塔，不同宗教的各种寺庙，风景如画的曲江池……无一不使外来客新奇兴奋。

长安城的东西两市是主要商业区，两市长、宽各1050米，店铺有220行，约三四万家。这里就像世界商品博览会，来自南亚、西亚乃至欧洲的各种物品，如珠宝、象牙、犀角、玳瑁、珊瑚、玻璃器皿、皮毛、毛织品、香料、药品、马匹等，都由丝绸之路运到这里。外国商人又大量购买中国的金银制品、铜器、丝织品、纸张、瓷器、茶叶等，运往世界各地。

一些来自中亚、西亚的商人，在长安开起了店铺，凭着精明的头脑和丰富的商业经验发起了财。波斯商人是以善于识别宝物见长的，这在当时人的记载中被多次提到。其中有个故事说，长安一位僧人得到了一样东西，看上去像生锈的钉子，长约几寸，不知是

伯希和转运到法国的敦煌写经画

何物，就往西市找波斯商人询问。波斯商人看了十分惊奇，表示愿意出高价收购。僧人试着开价十万钱，胡商大笑道：不是这个价，再开个数。僧人开到五十万，波斯商人又说："这是一件宝骨，价值千万呢"。另一个故事是说，长安一个叫窦义的读书人一向贫穷，一位来自中亚的商人想帮助他，劝他去买一所住宅。并悄悄告诉他，住宅院中有块石头，是价值连城的美玉，剖开可做玉镯几十对。窦义很是怀疑，但强烈的发财愿望使他买下了住宅，并把院子里的那块石头交给玉匠加工，果然发了大财。在长安的俗话中有句反话叫"穷波斯"，意思是波斯人经商都很富有，如果说波斯人穷，一定是嘲笑人。波斯和中亚商人不仅在长安经商，而且还散布到中国各地，洛阳、定州、扬州、广州、苏州等许多城市都有他们的行踪。他们不仅经营珠宝货物，还经营"邸店"，一种类似今天当铺、银行的商业机构。

那时的长安城有12个城门，城西的开远门是丝绸之路的起点。当年的西域来客，都由此门进入长安。据唐代史书记载，当时唐与70多个国家和地区有着友好往来关系。唐高宗李治（公元650年—

公元683年在位）去世后，西域少数民族首领和一些外国特使还到乾陵出席了他的葬礼，著名的女皇武则天（公元684年—公元704年在位）为了纪念此事，把来朝觐的王公、使者像刻成石雕，立于陵前，石像背后分别刻着各人的身份和姓名。千年过去了，这61尊雕像虽然大多头部被毁，但是那紧身窄袖的衣服、宽宽的腰带、短筒的皮靴，仍然保持着当年西域人的特征。

不仅如此，前来朝觐的西域使者，都带着本国的珍宝特产作为礼品。唐高宗时，吐火罗使者献上了一只大鸟，黑色，高7尺，鼓翅而行，日飞行300里，称之为"鸵鸟"。乾陵石刻的神鸟——朱雀，与前代根据传说雕刻的形象都不同，完全是一只鸵鸟的形象。康居、吐火罗、安息等国都向唐朝进贡狮子，这种庞大的猛兽受到了中国皇帝的喜爱，被雕成威武的石像，踞守在陵墓的门口。今天我们用现代的车辆来运送狮子，尚且感到很不方便，当年西域人仅靠骆驼和马，还要渡过高山沙漠来到长安，如何带着这些猛兽同行，真是令人难以想像。

唐代丝绸之路的繁荣，也促进了文化艺术的融合。西域的音乐优美动听。唐太宗（公元627年—公元649年在位）收服高昌之后，就曾下令将高昌国乐队全部迁往长安。唐朝宫廷中经常演奏的十部乐，来自西域的龟兹、安国、疏勒、高昌、康国乐就占了一半。来自曹国的曹保、曹善才、曹纲祖孙三代，都以擅长演奏琵琶闻名一时。许多著名的诗人都听过他们的演奏，有的还写下赞赏的诗篇。白居易在著名的《琵琶行》中描写的琵琶女，就曾是曹善才的学生。西域舞蹈柔刚相济，热情奔放。在长安最流行的是胡腾、胡旋、柘枝三种舞，胡旋舞来自于康国，白居易曾在《胡旋女》一诗中对这种舞姿有过生动的描写。贵为皇帝的唐玄宗（公元712年—公元755年在位）本人，对西域乐舞也是爱好极深。他可以亲自作曲，指挥乐队，还能击一手好羯鼓。大将安禄山为了讨好玄宗，以肥胖的身躯在宫中跳起胡旋舞，还能旋转如飞。由此可见西域乐舞在中原的兴盛和普及。

随着西域人大量涌入，长安城中的生活方式也产生了很大的变

绵延不绝的沙漠商旅

化，模仿“胡人”成了一种时髦。许多王公贵族穿胡服，戴胡帽，吃胡饭、胡饼。妇女化妆不再施朱搽粉，而是画上两条粗黑的眉毛，用黑唇膏涂嘴，还有女人把脸抹成紫红色，甚至还流行过女人着胡服的时尚。

除了佛教以外，来自西方的其他宗教也在长安广为传播。来自波斯的袄教，又称拜火教，由高昌传入中国，在长安有四处庙宇，称为“胡天祠”。罗马东正教的一支——景教，在盛唐时代传入中国。现存于西安碑林的《大秦景教流行中国碑》立于公元781年，“大秦”指的就是罗马。第一个来中国传播景教的阿罗本是个波斯人，所以长安的景教寺又被人称为波斯胡寺。碑文用中文和叙利亚文两种文字刻成，碑顶的十字架保存了一千多年，现在仍然使慕名而来的外国游客很感兴趣。

长安城繁荣的中外交流，与当时唐朝政府的宽容政策有直接关系。唐太宗本人就是汉人和鲜卑人的混合血统，使他自豪的是，当年前来朝拜的北方和西域各族酋长尊称他为“天可汗”，而不仅仅是中国的君主。所以他对外来的文化采取兼容并收的态度，不以正统排斥外来事物。他本人是一个马毬迷，对这种由波斯传入的骑马打毬的体育游戏的开展，起到了推动作用。唐章怀太子墓中的壁画上，还有当年王公贵族们角逐的热闹场面，后来的唐高宗、唐玄宗也很喜爱玩这个游戏。中国传统文化到唐代盛极一时，离不开多元文化的交流融合。

在唐代的长安，世界上大多数物品都能买到，各国的音乐舞蹈都在这里流行，不同的僧侣教徒在这里和平共处，不同的文化在这里相互交流。正因为长安具有国际都会的特征，才吸引了世界各地的人来这里观光学习。尤其是东亚的日本，每年都派遣大批使节和留学生来中国学习。日本古都奈良就是仿照长安建筑修造的，日本的文字来源于唐代的草书，唐朝人的相扑现在是日本的国技，今天日本的民族服装和节日庆典还保留着唐朝服饰的遗风。

长安不仅是日本人心目中的理想世界，也使许多西域和中亚人流连忘返，甚至定居下来。当年外国使团来长安朝贡，都由唐朝政府的鸿胪寺安置住宿和饮食。“安史之乱”后，由于吐蕃侵扰河西走廊，丝绸之路受阻，许多中亚人便滞留长安，在这里购置了住宅田园，娶了中国妻子，一住几十年，朝廷还要按月供给他们食用。后来朝廷查帐，发现胡客人数已超过4000，实在是负担不起，便下了一道命令，宣布停止供给，遣散他们回国。如有不愿走的，必须改变国籍，成为唐朝百姓。

华戎交会的都市——敦煌

河西走廊是中国古代西北大陆通向欧、亚的著名通道，是两千多年前捍卫“丝路”的古战场，也是许多威武雄壮的历史事件的发生地。汉朝政府在取得抗击匈奴的胜利后，从公元前121年到公元前111年，先后在河西走廊设立了武威、张掖、酒泉、敦煌四郡。

位于河西走廊西段的敦煌，是汉唐军事重镇和国际要邑。该城战国时属于瓜州，《左传·昭公九年》有“允性之戎，居于瓜州”的记载，约公元前五至三世纪为月氏所并。“敦煌”二字含义有许多解释，有的望文生义，释为“大而繁盛”。其实，敦煌建郡之初，地广人稀，户籍不盛，似乎谈不上繁盛。人口最盛的汉平帝始元年（公元1年），全敦煌郡也不过三万八千余人，每县仅六千三百余人。《元和郡县志》卷四十则这样解释：“敦，大也，以其广开西域，故以盛名。”意思是敦煌这个地方，能对开发广大的西域地区起重要作用，所以给予盛名。据中国的考古学家考证，敦煌之名应该是非汉语的译音。

敦煌古为丝路南北两道的分合点，东西方文明的荟萃之地，因此留下了中外人民在生活上互相影响的痕迹，例如三国时期的敦煌妇女所着服装就有印度风格。汉魏之际，西域受印度佛教文化影响很深，丝路南北两道上的于阗、龟兹佛教尤为兴盛。敦煌作为紧邻西域的门户，最先受到影响而成为中国早期的佛教中心之一。北魏（公元386年—公元534年）初年，敦煌已经布满了佛教寺院，唐代达到极盛。唐代敦煌佛教大寺至少有十六所，诸寺僧尼达九百余人。佛教徒不仅建寺院，还和东来西往的中外艺术家、工匠、官员、善男信女一起，挖洞窟、塑佛像、绘壁画，形成了灿烂的敦煌佛教艺术。佛学家们还在此从事佛教经典的译述工作，使敦煌成为中国早期佛典的翻译要地，留下了丰富的佛教典籍和其它古文献。

清光绪二十五年（1899年），人们在敦煌莫高窟第十七窟发现

斯坦因在敦煌附近古瞭望堡旁所见长城之轮廓

了自晋末至宋初的写本和刻本古籍三万余卷，大多是佛教经典。这些古本佛经中，有罕见的藏外古逸佛经三百六十八种；有编著于五世纪中叶，唐代已佚失的中国最古的佛经目录——《众经别录》残卷；还有相当数量的早期汉译佛经，附有梵文原经（如《大般若波罗密多经》、《金光明最胜王经》、《妙法莲花经》等），这些梵文本在印度早已散失。遗书中还有目前最古的《大唐西域记》和慧超的《五天竺国行纪》，有人曾据敦煌本《大唐西域记》与传世本相校，校出传世本不妥之处一百多处。

沙漠是空旷而单调的，但距敦煌城南十里处的鸣沙山（在莫高窟西北），却别有一番情趣，这座沙山在风起云涌之时，能发出如雷的吼声。古人以其神异，曾称之为“神沙山”、“沙角山”。在沙山中，有一泓形如新月的清泉，谓之“月牙泉”。沙漠中有清泉已属奇事，清泉又与沙山和平共处，实为天下奇观。千余年过去了，鸣沙山还在老地方，距城十里，还是那么大，东西长四十公里，南北宽二十公里；风俗还依旧，每年五月端阳节，敦煌城里的青年男女结伴而来，游沙山，观泉景，欢悦嬉笑之声不绝于耳。

唐代盛况空前的国际贸易

唐代取天山南路、平西突厥之后，消除了政治上的障碍，国际贸易更加兴旺。加之后来大食（唐代对阿拉伯帝国的称谓）勃兴，波斯、印度等国商人蜂拥而至，以经营珠宝见长的波斯商人，不久就把珠宝业发展成为长安第三大行业。中国丝绸也融入了西方风格，在新疆吐鲁番高昌故城出土的隋唐时代的丝绸中，就有联珠内的对鸟、对兽、猪头、熊头等纹样，带有鲜明的萨珊王朝艺术风格。和这些丝织物同时出土的，还有波斯银币、罗马金币，可见这些丝织品是为外销生产的。

唐代的丝路贸易盛况空前，当时中国境内最重要的贸易中心和交易点是长安、洛阳、河西走廊、于阗、龟兹、疏勒、轮台以及鄯善、吐鲁番等地。唐朝政府为了保证丝路的畅通，便于行旅和加强对西域的管理，在从长安经河西到西域各地的交通大道上，设立了驿馆。从出土文书上可见，唐代设在西域地区的驿馆名称很多，每个馆都由一名“捉馆官”负责。驿馆供给过路商人和官员食宿，为他们的牲畜提供草料，大大方便了丝路上的行旅。

唐代还实行一种“过所”制度。“过所”上要详细登记执“过所”者的姓名、年龄、所带之物等。主要关卡还要在“过所”上签字、查验，无“过所”者不得通行。根据唐朝政府的规定，对往来的商人还要收一定的税金。在丝路沿途主要的城镇和关口，唐朝政府都驻有军队，大的称“镇”、“军”，小的称“守捉”，以保障交通顺畅和地方安宁。

朝廷还指定官员用黄金和丝绸与西域交换马、骡、驼、兽皮、毛织物、宝石、玉璧、珊瑚、琉璃、药剂、香料等物资。私商经政府批准也可以与外国贸易。据西方一些学者估计，汉代贸易盛期，每年通过丝路的中外贸易总额，大概相当于一百万英磅。仅罗马一国，每年因售丝绸等而流入中国等国的金币相当于七万英镑（据普林尼的估计资料换算）。中国输出以丝绸为主，其次是漆器、铁器、金银、药材，尤以丝绸、漆器最受欢迎。西汉桓宽编著的《盐铁论》记载，中国用二丈素帛，就能从西域换回几万钱的货物。

西域商人称驼队或商队叫“喀拉凡”。当年丝绸之路上商贾东来西往，百货交汇，但是由于恶劣的自然环境和盗匪骚扰，人们越葱岭、过大漠，常常不能单独行走，而必须在驿站和城镇等候结伴，组成一个又一个商队，然后浩浩荡荡向前行进。

据《鄂本笃访问契丹（中国）记》记载：“盖往来中国者，皆须结大队而行……途中盗匪甚多，行旅生畏，数人往来。极为危险……离波斯后，行不远，至撒马尔汗、布哈拉、塔什干诸城，过此经大沙漠，所至时有人，时无人……食物水草，皆极缺乏。故旅客皆须自带糇粮，因之所需骆驼极多。”当时一个商队的人畜往往多达几十甚至五六百。

骆驼是沙漠之舟，是一个商队运输的支柱。它不仅性格温驯，吃苦耐劳，能驮运许多东西，而且对水有特殊的敏感，“知水脉，遇其处，辄停不肯行，以足踏地，人于踏处掘之，辄得水”（《博物志》卷八）。每遇惊风狂沙，骆驼早早就能预感到，并闭鼻蜷身，伏在沙窝里，人们可以仿效骆驼的样子，躲过一场又一场灾难。不过骆驼也有它的弱点——怕热，一到夏季，常常只能昼伏夜行，使得丝路上的中外商客不得不在夜间赶路。在茫茫的大沙漠中夜间要不迷路，惟一的办法是听前面深沉而又单调的驼铃，骆驼脖子悬挂着的大驼铃，并不是无用的装饰品。

庞大的商队要有精明强悍的领导。从喀布尔至和田，从和田至敦煌或酒泉，那时都有专门的引路人兼商队队长。这种队长要经过任命，职位的获得需要很高的代价，有时还可以充当出国的使节，但他们只负责固定的地段。“商队领袖，为王所任命，纳金若干，便可得职，王付以全权。在全途间，可以管辖商人”，“欲得商队队长职，需付国王麝香二百袋，随从四人，皆负使节名义。从行商人一百七十二名，皆付队长重金，始得一往，故队长每行一次，亦有重利也。”每当商旅往来频繁，职业队长告缺时，商人也可自选领袖，谓之假皇帝。假皇帝一旦产生，具有极大权力，“其余商人，则依其风俗，向假皇帝行敬礼，贡献方物。假皇帝有权可械击其臣民，或鞭笞之也。”（见《鄂本笃访问契丹（中国）记》）队长在管辖手下商人的时候，是极有分寸的，对那些慷慨奉献的商人，自然极为优待；对那些调皮而又吝啬的商人，有时不仅责以鞭笞，还要罚以夜间巡查等苦差事，严重的还要被赶出商队。同一商队的商人之间也常常宴请或互赠礼品，以示友好和请求照顾。

商队叩关求市也是很有趣的。叩关的商人带着盖满沿途关防的通行证或关卡纳税证明，关隘则根据事情大小酌情处理。有些不大的关卡，关官或守捉（唐边防城镇防守官）在“过所”上签名“勘过”，就可放行。碰到重要宾客或商队，关隘决定不了时，就要报告河西长官，批准了才能放行。16世纪初荷兰人白斯拜克出使土耳其，听到某土耳其游客谈论中国，他在与友人的信中详细描述所闻：“旅行多口，踝躞甚劳。终乃抵一小隘，契丹（中国）国边境之关塞也（即嘉峪关）……近关处有连山，不通行人，仅此一隘可以通行，国王遣兵守之。商贾至者，皆须报告运载何物，自何方来，及人数若干。报完后，王之卫兵，日间烽烟，夜则纵火为号，沿途递传而至王都。传报迅速，不数时即可竣事，若用他法，则须数日之久也。王亦烽烟回答，商人或全许入境，或仅半数，或全不许入境也。”“入境，则由关隘起身后，皆有引路人指导前行，每日有站可停（即驿站），站中衣食之价，皆甚廉平。”“既至，赠送国王以相当之礼物（即中国

尼雅出土的东汉时期“五星出东方利中国”锦护膊

所说的进贡），王皆酬以重价。其余货物，可以自由出售，或换他货。”但这种办法还是有点不便，加之历代中国政府常常对外来贸易人数加以限制，不少商人就设法定居中国，逐渐成为中国臣民。鄂本笃在其著作中说，古代酒泉是西方商贾汇聚之地，曾经有不少中亚商人辗转喀什，又从喀什来此定居。这些外来的定居者专为经商，很多人在酒泉娶妻生子，不再西返，户籍就逐渐编入当地了。

商人们热衷于贸易活动，不注意文字的记录，因而流传下来的有关丝路贸易的记载很少。但他们遗留在古丝路上的钱币、金银和埋藏在遗址、坟墓中的文书、丝绸和其他遗物，仍然可以使后人推断出他们的足迹所向。

西域是最早与西方接触和贸易的地区，曾是古代中外贸易重要的中转站。西方商人最早是从这里获得从中国内地运来的丝绸，然后再转销到不同的消费国的。“赛里斯”这一名称，起先用于塔里木盆地南缘诸城邦，以后随着丝路的畅通，东西方互相增进了解，西方商人知道丝绸的真正故乡还在更远的的东方，“丝国”这一称号才演变为全中国的称呼。

张骞通西域后，中国内地的绫罗绸缎源源不断涌向西域，古楼兰、尼雅遗址中出土的精美的丝织品，就是这一时期丝绸贸易繁盛的见证。在今日的新疆境内，丝路就曾有过南中北三个主干线。仅以南道为例，汉、唐、宋等朝代都曾以南道为主，南道所经过的重镇于阗、鄯善，曾是丝绸和其它贸易的中继站。中国内地来到西域的行商，和当地商人经常交易，关系融洽。中原商人带来的丝绸，可以赊欠给西域商人，待脱手后下次再来收钱。于阗、鄯善等地，不仅有内地往来的丝商，而且也有印度和波斯商人。1977年11月初，在和田买力克阿瓦提遗址曾发现汉五铢钱及南北朝的剪轮钱数千枚。在和田西北的约物干（位于西北的巴格其乡）遗址，还可捡到南北朝的剪轮钱、唐代的开元及乾元钱，还有中亚及喀拉汗王朝的钱币。大量出土的货币是当时商业活动发达的表现。

因为贸易活动，处于中继站位置的于阗等地获得了很多的发展机会和较大的经济利益。西汉时于阗东西两城一共才19000人，到东汉时就称雄南道，发展到83000多人。古于阗寺庙林立，佛像多用金饰，20世纪30年代新疆军阀盛世才还在这里成立过“金矿局”，专门挖掘古遗址中的黄金，可见当时用于贸易的黄金确实不少。于阗还是许多外国商品的中转站，许多进口商品在此由于阗商人成批销往内地。据史书记载，仅乳香一项，于阗一次就曾售出三万余斤，这种主产于红海与地中海沿岸、印度及非洲等地物资，应当是由外国商人先贩运至此的，而宋朝宫廷也通过这种贸易获得了利润。于阗如此，其它丝路沿线城镇也都曾因国际贸易而发展成长起来，以致能够在“唐开元盛世，税西域胡商，以供四镇”（《新唐书·西域列传》）。而唐安西四镇（焉耆、龟兹、疏勒、于阗）原来的军政费用一向依靠中央王朝拨付，唐玄宗时能破例下诏就地征收，也是与贸易发展分不开的。

甘肃河西走廊，曾是东西贸易的中转站和贸易中心之一，历久不衰。中国内地的商品要经过河西和新疆，才能远销大夏、安息、大秦及地中海沿岸地区，外国商人也要经过这里才能将货物运抵长安。大宛、大夏、大秦等国商人常常因与中国通商而居留河西。隋炀帝（公元605年—公元616年在位）热衷于沟通中西交通和贸易，大业三年（公元607年），命令吏部侍郎裴矩到河西监管胡商互市，当时西域诸族往来相继，有四十四国商人参与其中。大业五年（公元609年）六月，隋炀帝还亲自到张掖，会见西域二十七国的国君、使者和商人，东西方交往和贸易达到了高潮。唐代的山丹也是商业繁盛的城市，当时有十六条街市，不少突厥和印度商人常年住在这里。

河西重镇武威（即唐代的凉州）是唐代西北重要的都会和贸易中心，曾经吸引着远近客商来此做生意。唐初西北交通虽不十分畅通，但玄奘经过武威时，看到的却是“商旅往来无有停绝”的繁盛景象（出自《大慈恩寺三藏法师传》）。到唐玄宗时，武威的贸易因丝路畅通更加兴旺，当时的诗人岑参曾在诗中写道：“弯弯月出挂城头，城头月出照凉州，凉州七里十万家，胡人半解弹琵琶。”如果诗人不是太夸张的话，那时的武威城已经是一座十万人以上的城市了。当时活跃在武威市场的外国客商中，从咸海之滨远道而来的粟特国（康居）商人经常到此贩运货物运销中亚。西域商人云集武威，他们不可避免地携带大量钱币，以至于南北朝时，西域的金银货币在武威等地是通用的。

酒泉古称“肃州”，是一座别具特色河西重镇——既是国际贸易的过境点，又是通往吐蕃等少数民族地区的交通要塞，因而也是民族贸易发达的城市。这里的交易时间保持着以太阳为标准的古老习俗，黎明交易，日暮休市，市法平价，客商群集。酒泉和张掖的大黄是很有名的，大黄是重要的地方外销商品。《马可·波罗行纪》对此也有记载，说这里产大黄甚富，商人来此购买，贩售世界。关于酒泉的市场，《沙哈鲁遣使中国记》中有记述：“肃州城市极大。城墙为四方形，有坚固炮台，市场无幕盖，宽五十爱尔。扫除清洁，时时洒水，尘垢不起。人民畜猪屋内，店内羊肉与猪肉并行而挂列。各街均有华丽之建筑物，顶上有木制尖塔及炮眼，用中国漆漆之。”

在唐代敦煌西面的石城镇，居住着大批康居商人。距离敦煌西一百里有“兴胡泊”，是从玉门关道往还的中外商人停留之地。敦煌壁画中，有胡人引驼砖，上面的浮雕是中亚商人牵着骆驼蹒跚前进的画面；有的壁画还描绘着印度婆罗门牵着满载货物的大象穿山越谷而来。莫高窟296窟所绘北周时代的商旅图，画着两个商队相遇于桥头，桥上是中原商贾赶着满载货物的毛驴匆匆上桥，桥下胡商牵着骆驼等待过桥，这些壁画都是昔日敦煌商旅往来频繁的艺术呈现。

青海的西宁也是一个重要的国际贸易点。从西宁西经古伏俟城北至罗布泊，即与著名的丝路南道相接，由南道越葱岭西入印度，这一条路线曾盛极一时，商业活动十分频繁。1956年在西宁曾挖出76枚波斯萨珊王朝银币，均为卑路斯王时期（公元457年—公元483年）的银币。

西天取经的唐僧

中印之间的友好往来

张骞第一次出使西域回到长安，向汉武帝报告西方的地理和见闻，曾提到经由身毒国贩运到大夏的邛竹杖与蜀布。“身毒”即古印度，原音Sindhu，因印度河得名，中国史籍又称其为“天竺”或“婆罗门”。

早在公元前三千年，印度河流域便有了青铜器和早期城邑，这里被认为是人类早期文明的发祥地之一。20世纪20年代考古学家相继在印度发掘出摩亨佐达罗、哈拉帕遗址，揭示了湮没的印度古代文明，故古印度文明又称“哈拉帕文化”。到公元前1200年左右，雅利安人越过兴都库什山进入印度河流域，经过激烈的战争而统治了这一地区，并逐渐向恒河流域扩展，完成了部落向国家发展的历程，进入到奴隶制社会。在公元前6世纪印度列国时期，恒河流域的摩揭陀国日益强大，先后建立了西宋纳伽王朝和难陀王朝，称霸一时。印度曾一度遭到波斯的入侵，公元前327年，罗马亚历山大大帝征服了波斯之后，又率军侵入印度，由于遭到抵抗和气候不适、士兵厌战，两年后引军西返。这时一个名叫旃陀罗笈多的青年发动起义，推翻了难陀王朝，于公元前324年建立了著名的孔雀王朝，他的孙子阿育王（? 一约公元前238年）统一了印度次大陆，并占据了今阿富汗部分地区。阿育王初期暴虐嗜杀，在征服羯陵伽的战争中曾大开杀戒，后放弃战争，大力

印度阿旃陀一窟托莲花菩萨

支持佛教——他建造过许多印塔和寺院，制止佛教内部的分裂活动，规定佛教徒所应学习的经典，使得佛教这个当时还局限于某些特定地区的小教派得以普及整个印度，并随之传至国外，对佛教作出了永世不朽的贡献。阿育王死后，孔雀王朝急剧衰微，于公元前187年被巽伽王朝取代。公元前75年大臣婆苏提婆又推翻了巽伽王朝，建立了甘婆王朝，至公元前30年左右又为南方北上的安度罗王朝所灭。巽伽王朝、甘婆王朝与安度罗王朝都不再有孔雀王朝当年的雄风，统治区域只局限于恒河中下游。南亚次大陆再次陷于多国分立的局面。

中国与古印度很早就有了往来与文化交流。早在公元前5世纪，波斯多次向葱岭以东派出商队，其中就有印度商人。大约在公元前4世纪中叶以前，在中国西南地区活动的商贾就不乏远走身毒国之人，通过西南古道，中印之间有了人员往返和商贸活动。

中国的丝绸也早就传入了印度，写于公元前4世纪的印度古书《治国安邦术》（一译《政事论》）就提到“丝及丝衣产于支那国”。在其他印度古籍中也有许多关于中国丝绸的记述，可知中国丝绸在印度古代服饰中占有很重要的地位。中国汉代开始制造的纸也传入了印度，取代贝叶，改善了印度人的书写方式，对印度文化发展起了积极作用。与此同时，印度的物产也不断传入中国。特别是丝绸之路开通以后，中印之间的商贸往来与文化交流更为频繁。《西京杂记》卷二说：“（汉）武帝时，身毒国献连环羁，皆以白玉作之，玛瑙石为勒，白光琉璃为鞍。鞍在暗室中，常照十余丈，如昼日。自是长安始盛饰鞍马，竞加雕镂。”身毒国送给汉朝的，当然不止这一种物品，中国宫廷中的象牙很可能也来自南亚次大陆。

中印文化交流，最重要的还是印度佛教在中国的传播。通常认为佛教传入时间始于汉明帝永平求法，但从考古发现看，还要更早。印度佛教可能是先传到中亚诸国，再由丝绸之路东传，进入中国的。东汉以来，到长安翻译佛经、传播佛教的中亚和印度僧人不断增多，如安世高、竺法兰、鸠摩罗什等，都是译经弘扬佛法的高僧。随着佛教的广泛传播和影响的日益扩大，也激起了中国僧侣对佛国天竺的向往，出现了不远万里西行求法的壮举，唐代的玄奘便是其中最著名的代表。

虔诚的取经者——玄奘

对于中国人来说，唐僧取经已演变成一个家喻户晓的故事。但历史上的唐僧玄奘并不是著名小说《西游记》所描写的那个手无缚鸡之力的人，而是一位不畏艰险、性格坚毅、学识渊博的佛教徒，一位杰出的旅行家、翻译家、中外文化交流的友好使者。

唐僧法名玄奘，俗姓陈，河南陈留人，生于中国隋朝年间（公元602年），13岁在洛阳出家为僧。在隋末唐初的战乱年代，他游历了四川、湖北、河南、河北等许多地方，钻研佛经、走访名师，二十多岁时，就已在佛学上有了很高的造诣，成了长安城著名的学问僧。当时佛教中流派很多，众说纷纭。由于佛教典籍的不完整以及翻译不当造成的歧义误解，给玄奘的佛学研究带来了许多难以解答的疑问。为了解决这些困惑以及佛教典籍的原本不全造成的译文真伪难辨等问题，他决心舍命求真经，亲自到佛教的发源地印度去学习、考察。

唐贞观元年（公元627年），26岁的玄奘从长安出发，开始了他非凡的五万里西域之行。他和天水一个叫孝达的和尚结伴而行，西行至甘肃境内。经过兰州以后，随送官马去河西的人到了凉州（武威）。玄奘在那里停留了一个多月，向当地僧众讲《般若经》等经文。结果听众越来越多，远近千百里的和尚齐集凉州，听了以后又回去在他们的寺院赞叹玄奘的高深学问，于是玄奘要到婆罗门国求法的消息传遍了西域各地。那时唐朝新立，西疆道路不太畅通，严禁百姓西行，凉州都督李大亮硬要玄奘返回长安。当时有个叫慧威的河西和尚领袖，很赞赏玄奘的才干，又很赞成他的西域之行，私下派两个和尚偷偷把他送走。从此，玄奘只得昼伏夜行，开始了艰难的潜行求法之旅。

玄奘到了瓜州（今甘肃安西县），停下来打听西行的道路。有人告诉他：从瓜州北行五十多里，有条葫芦河，下宽上狭，水急难渡，上面就是玉门关，是西去必经之路。从玉门关向西北走四百里，有五个烽火台，相距各百里，中间没有水草，过了这五个烽火台就是一望无际的大沙漠，再过去就是伊吾（今哈密）。玄奘听了发起愁来，因为乘坐的马死了，路上又有关卡拦截，等了个把月，也没能出关。这时凉州搜查和捉拿玄奘的公文到了瓜州，幸好有个叫李昌的官员钦佩玄奘，毁了通缉令，帮助他买了马，又叫了一个当地人为他引路。天快黑的时候，玄奘和这位年轻的向导出发，三更时远远地看见了玉门关。在玉门关上方十里的葫芦河，向导砍了几棵树，放在河上，又铺上草和土，让玄奘过河。过了河之后，向导表示不再敢和玄奘一起冒险前行，玄奘就送了他一匹马表示感谢，然后孤身西进。

走了八十余里，玄奘看到了第一座烽火台。因怕被烽火台上的

玄奘法师像

陕西榆村石窟第三窟西行求法壁画

人发现，白天他就隐藏在山沟里，天黑了才走。玄奘走到烽火台西面，看到有水，赶快下去洗手、喝水，还准备用皮袋盛水。这时，一支箭射过来，差点射中他的膝盖，接着又射来第二支箭。玄奘连忙大声说：我是从长安来的和尚，不要射我。接着就牵马向烽火台走去，台上的人引他去见守台的校尉（唐时管三百人左右的武官）王祥，玄奘以实情相告。王祥是一个虔诚的佛教徒，知道情况后，很担心玄奘到不了印度，劝他回敦煌，并说自己是敦煌人，熟悉敦煌的张皎、钦贤两位法师，愿意代为引见。玄奘谢绝了王祥要他退回敦煌的好意，诚恳地对他说，既然要去西方探求真义，就决不能再往回走。王祥听了很是感动，命士兵盛满水、装了面饼，亲自送玄奘十里。分手时，他让玄奘到第四烽火台去找自己的同宗王伯陇。第四烽火台的官员果然对玄奘很好，临走又送给他马和粮食，还告诉他绕开第五烽火台，直接到百里之外的野马泉取水。玄奘走了百余里，迷了路，野马泉也没有找到，饮水时又失手打翻了皮水袋，还遇到了风沙，一时陷入绝境。他五天四夜被困在沙漠里，滴水未进，差点渴死。到了第五夜，凉风把他吹醒了，碰巧又在十里之外找到一个有水草的小绿洲，他才得到休息。

经过几个月的跋涉，玄奘终于来到了火焰山下的高昌国（今吐鲁番地区）。国王麹文泰亲自相迎，希望他留在高昌，但玄奘取经心切，并不想留下来。临别时高昌倾城相送，麹文泰送他黄金百两、银钱三万、绫绢五百、马三十匹，足够玄奘往返二十年所需。又命25人相随，修书24封给沿途诸国，请求各国照应。玄奘向阿克苏北面的天山行进，走了七天才翻过了高峻的雪山，随从中冻死的有三四成，马匹也损失了不少。过了天山，他们又沿着一片湖的西侧前行，到了碎叶城（今吉尔吉斯斯坦托克马克城附近），然后通过阿姆河北和一座峡谷到达阿富汗，接着爬过兴都库什山抵达克什米尔，南下到达今巴基斯坦、北印度。经过近两年的旅程，度过了无数危难，玄奘终于到了印度的王舍城那烂陀寺（今印度比哈尔邦巴腊贡）。

那烂陀寺当时是印度最高学府和佛教圣地，有主客僧徒万人，从大乘经典到因明、声明、医方、术数都有人研习，寺中有能解五十部经的高僧十人。寺院的负责人戒贤法师学识渊博，德高年耆，被奉为宗师。玄奘在这座寺院受到了僧众的欢迎，生活上享受高僧的待遇，出入可以乘象。他拜戒贤为师，留学五载，被升为那烂陀寺的副主讲。公元643年，玄奘应邀到曲女城讲经十八天，听者有十八国国王和熟悉经文的僧众共三千余人。玄奘还获得了“大乘天”的极高荣誉，被公认为是当时印度的一流学者。

玄奘在印度遍习佛学各宗，与印度僧众结下了深厚的友情。印度戒日王挽留玄奘留在印度，愿殷勤供奉，为他造一百所寺院。玄奘怀念祖国，学成之后，恨不得立刻回国。戒日王于是赠他大象一头、金钱三千、银钱一万，与跋吒王等亲从率数百骑，相送数十里，与玄奘洒泪而别。戒日王还致书各国，请他们给玄奘提供方便。

唐贞观十九年（公元645年）春，44岁的玄奘荣归长安，将西行所得佛经送到长安弘福寺。从长安繁华的朱雀大街至弘福寺，欢迎的人群长达数十里，极一时之盛。唐太宗也先后两次接见玄奘，并允许他在弘福寺专心著译。贞观二十二年（公元648年），皇太子李治为纪念他死去的母亲文德皇后，下令建造了豪华富丽的慈恩寺，玄奘奉命移入慈恩寺译经。公元652年，玄奘亲自参与担运砖石，在慈恩寺南建造高大的佛塔，这座塔就是现在西安的大雁塔。大雁塔虽几经重修，但大体上还保持着原貌，成为一个珍贵的纪念物。公元664年，63岁的玄奘病逝于长安玉华寺。

玄奘精通梵、汉两种语言文字，又深明佛理，因而其译著详细准确，顺理成章，开一代新译风。他所主持的译场，在唐朝皇帝李世民、李治等人的支持下，曾显赫过半个世纪，培养了许多翻译精英，使中国的佛经翻译水平达到了新的高度。玄奘还做过译汉为梵的工作，佛学名著《大乘起信论》曾经在印度失传，玄奘就根据中文本翻译为梵文，使之重新流传于印度本土。他还把印度的因明学传入中国，推动了中国逻辑学的发展。

玄奘的伟大精神，直至现在还受到世界人民的广泛推崇。印度人民把他当作圣人，他在那烂陀寺的故事被广泛传颂，印度博物馆陈列了他负笈求经的图像。印度的历史书也盛赞玄奘。玄奘的《大唐西域记》翔实地记载了他亲自经历和了解到的西域及中亚一百三十多个邦城的地理、历史、气候、物产和风土习俗，涉及地域广阔，文笔严谨流畅，不仅是一部优美的文学作品，而且是一部闻名世界的历史地理

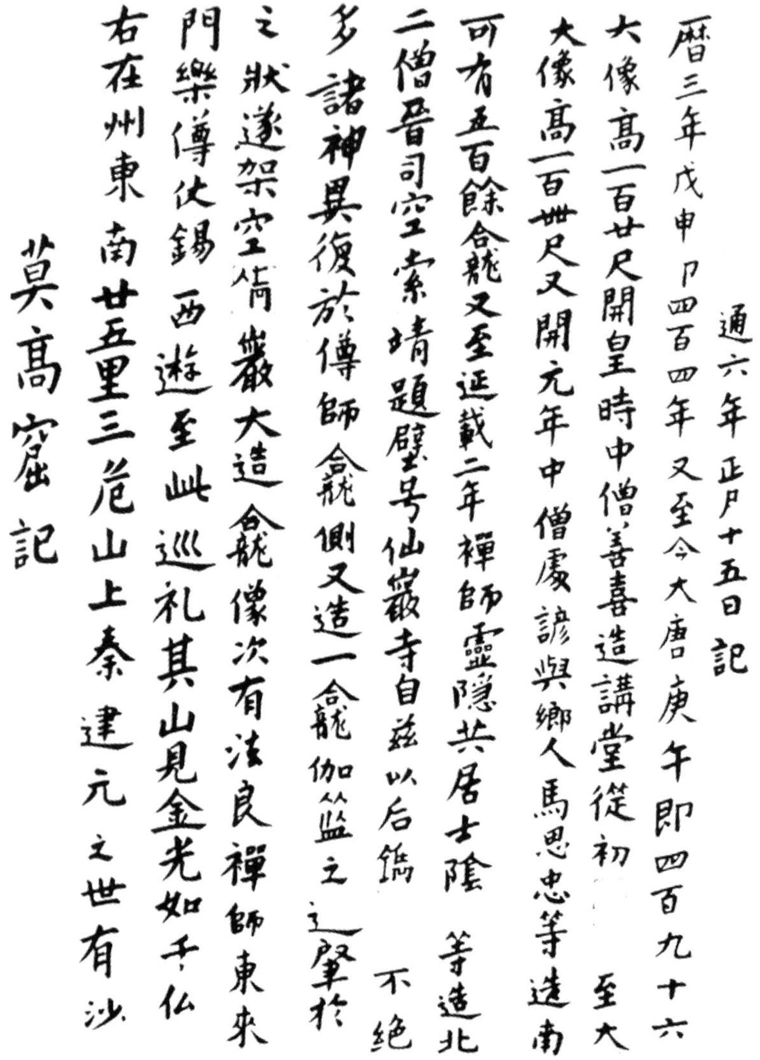

莫高窟記

右在州東南廿五里三危山上秦建元之世有沙
門樂僔仗錫西遊至此巡礼其山見金光如千仏
之狀遂架空鐫巖大造龕像次有法良禪師東來
多諸神異復於僔師龕側又造一龕伽藍之建肇於
二僧晉司空索靖題壁号仙巖寺自茲以后鐫 不絕
可有五百餘龕又至延載二年禪師靈隱共居士陰 等造北
大像高一百卌尺又開元年中僧處諺與鄉人馬思忠等造南
大像高一百廿尺開皇時中僧善喜造講堂從初 至大
曆三年戊申尸四百四年又至今大唐庚午即四百九十六
通六年正尸十五日記

藏于敦煌莫高窟第156窟中的《莫高窟记》，纪年为“咸通六年正月十五日”，即公元865年，与敦煌遗书中的《莫高窟记》相同。

著作，后来被译成英、法、日等多种文字。许多国家的著名学者还成立了专门研究玄奘的组织。1961年日本学术界组织了“玄奘学会”，出版了《玄奘纪念集》。印度的柏乐天教授研究了玄奘的译作后，赞叹说：“在全人类的文化史中，玄奘是第一个伟大的翻译家。”

丝路上的富商和艺术家——粟特人

根据考古学的资料证明，粟特人起源于亚洲大陆的塞种民族。大约在公元前10世纪，它已作为东伊朗语支的一个民族分布在阿姆河中游，由游牧部落转为农业定居的社会。产生于公元前10世纪上半叶的《阿吠陀经》记载了东伊朗人的神话、宗教崇拜。据这部波斯古经、东伊朗人的“史诗”记载，信奉琐罗亚斯德教的粟特人和伊朗高原的所有伊朗民族一样，崇拜宇宙之主、光明和万善的神阿胡拉·马兹达。他们把世界理解为光明与黑暗的斗争，以礼拜“圣火”为主要宗教仪式。粟特人的宗教在中国隋唐时期被称为“祆教”。根据中国史书记载，公元前2世纪张骞出使时，粟特人建立的国家被称为粟弋、康居。在建立康居国之前，粟特人很早就已经定居在今天的撒马尔罕，并建起了古城阿弗拉西阿勃和马拉坎达，利用亚欧大陆的贸易道路和喀什噶尔、安条克、黑海北岸诸城、印度发生了商业联系。粟特人和花剌子模人一起，创造了公元前4世纪中亚文化的辉煌顶峰——康居文化。

公元550年左右，突厥人控制了整个中亚地区。尽管当时粟特人附属于突厥人，但他们始终坚持从事自己的职业——商业贸易。粟特文使用了婆罗米文字母，是中古伊朗语（公元前3世纪至公元8—10世纪）的主要代表（另有安息语和钵罗钵语），后来这种语言演变为整个中亚的商业语言，并一直传播到中国领土，人们至今还可以看到粟特语文献。粟特人很早就信仰摩尼教，摩尼教也随着他们的流动到处传播。

粟特人在经商方面得天独厚。他们在与中国北方贸易方面占据着特殊的地位。他们可能也试图进入波斯帝国的商业中心，并且完全包揽供应波斯帝国的中国丝绸贸易；但波斯人并不想接待任何外国商人。另外，波斯也打算维持自已对中国丝绸货易的垄断权，他们通过印度和锡兰的海港进行中转业务。

有位名为摩尼亚赫（意为“摩尼兄弟”，这意味着他是摩尼教徒）的粟特使节，他要求波斯国王库斯佬允许粟特人在伊朗高原进行自由通商贸易。库斯佬长期拖延，没有作出答复，最后召集了大臣会议，并决定买断粟特人带来的全部丝绸，然后当着粟特人的面纵火焚烧，以此向他们说明波斯人不需要外来民族从中斡旋，更不需要来自突厥的任何产品。粟特使节对此愤愤不平，拂袖而去。他们归国之后向突厥室点密可汗汇报。室点密可汗决定向库斯佬派遣第二个使团，使团全由突厥人组成，但库斯佬将突厥的全部使节毒死。于是粟特人就想利用突厥人与波斯人关系恶化，请求突厥可汗允许他们同库斯佬不共戴天的宿敌——拜占廷人洽谈生意，室点密可汗答应了这一请求。

摩尼亚赫又一次启程上路，这一次是向拜占廷出发，并随身携带了突厥可汗的国书，一路上由数名突厥人陪同。抵达后，摩尼亚赫受到了查士丁二世（JustinⅡ，565—578在位）的接见。虽然到那时为止，查士丁二世对突厥的具体情况还不甚了解，但也深感突厥势力强大带来的威慑，希望与突厥使节缔结和平条约和军事联盟，其目标当然主要是波斯人。最后，突厥人与拜占廷人一起举行了盟誓仪式。

突厥使节在拜占廷整整地居住了一年。公元568年8月，拜占廷皇帝向突厥可汗派出了一个回访使团，并由摩尼亚赫及其随从陪

在罗布泊发现的古代毛织品残片，上有希腊罗马式赫密士人头像。

同。在缔结新条约时，拜占廷人主要关心的仍然是丝绸贸易，这一条约的签订促进了这种贸易的发展。至此突厥人和粟特人找到了一个强大的盟友以对付波斯人了。东罗马人也对突厥可汗室点密的招待会赞不绝口，这次招待会是在用五彩缤纷、琳琅满目的丝绸搭起的牙帐中举行的，美味佳肴都盛放在金质餐具中。面对着这样的豪华景况，人们简直不相信这是生活在不开化的“蛮族”之中。突厥人向东罗马盟友提供高质量的铁（他们自己就是技术熟练的冶炼家），但最为吸引人的还是丝绸。

根据敦煌的宗教文书可以推断，粟特人可能是佛教徒和摩尼教徒。但从康居的壁画却可以看出，粟特人的生活中仍存在着不太正统的祆教的影响，其中掺杂了一些属于中亚的地方性宗教信仰，如阿姆河神、水神等崇拜。

粟特人从富饶的泽拉夫善河流域迁徙到玉门关，最后到了兰州，把故乡远远地抛在身后。他们也向中国的中原移居，那里的人是他们货物的最好主顾。粟特人可能在康居与中国北部之间的各驿站都拥有代销处和商行，甚至还有长久的聚居区。他们还雇佣了一些职业队商，这些队商似乎属于一个稳重但又喜欢不断流动的种族。商队从木鹿城阿姆河出发，根据当时汉文地志记载，他们需要经过布哈拉和贵霜匿，由瑟底痕、撒马尔罕、奥斯陆查纳和大宛（即费尔干纳）而穿过泽拉夫善河流域。到了后期，通往中国中原的道路不再经过古大宛了，而是向北迁移，沿着锡尔河岸出发到达伊塞克湖。

公元550年—公元670年间，粟特人在农业、工业、商业、艺术和文化等方面都取得了可观的成就。在农业方面，他们在皇家花园中移植了两种撒马尔罕的樱桃树；他们从近邻塔里木盆地人中学会了坎儿井灌溉法，这是西方史料中著名的“Kyariz”。在公元640年左右，他们又把酿造葡萄酒的技术传入中国内地，汉人首次品尝到了葡萄酒的美味，这在汉代史料中有所记载。尽管汉人对于这种酒的存在早有所闻，也十分欣赏这种新产品，但仍习惯于喝传统的米酒——汉人们呕心沥血地学习栽培葡萄，其目的原本不在于酿酒，而在于品尝其果实。另外一种神秘的水果——“金桃”，也是由康居地区传至中国中原地区的。

此外，粟特工匠手艺高超，擅长艺术，他们的木刻术传遍了整个中亚，并常常是用葡萄藤叶和果串加以点缀。他们珍贵的餐具都是金银质的，这是他们向汉人学来的技术。粟特人的羊毛织品和地毯也驰名中外，制造的棉纺品质地优良，做工细腻。他们还以制造金属甲胄而闻名。我们在粟特人的长袍之下，或在无数决斗场面的壁画中，隐隐约约能看到他们制造的锁子甲。这种技术是从何处学来的呢？萨珊王朝时代的波斯人曾拥有过这种金甲，他们可能就是这一工艺的发明者。但根据汉文史籍记载，汉人曾向其他民族传授过制造金属甲胄的技术。无论如何，撒马尔罕的甲胄一直到中世纪末还享有盛名。为了解释清楚康居地区冶金业的发展，还必须记住这一地区曾被突厥征服，而突厥人在很早以前，当他们还游牧于阿尔泰山的时候，就是冶铁业的能工巧匠了。

粟特人在那时已经学会了制造高档琉璃。在5世纪时，他们把这种技术传授给了汉人。粟特人向四周的邻居出售琉璃产品，丝毫不担心地中海地区的琉璃会与他们争夺市场，因为尽管地中海的产品质量并不低劣，而且在西方一直供不应求，但从来也没有越过帕米尔地区倾销到东方。汉人很快就对制造琉璃失去了兴趣，这不仅因为他们更喜欢玉器，而且还因为他们发明了一种新的煅烧技术——从7世纪初开始，中国就开始制造举世闻名的瓷器了。

粟特人出售香料、布匹、马匹、宝石和琉璃器皿，但一直以来他们就是成卷成匹生丝的大买主。他们主要是向汉人购买，然后倒手贩卖给波斯人、拜占廷人（一直到6世纪末）、印度人和中北亚草原上的游牧部族。粟特人与这些民族在靠近咸海边的绿洲成交，同时又向这些民族购买兽皮、皮装和麝香。与此同时，通过海路的东西方贸易也呈现出一片欣欣向荣的繁华景象。这条海路的中间点是锡兰。由于锡兰比印度大陆更为幸运地摆脱了各方面的干扰，所以能够较为安定和自由地发展经济。锡兰还为在印度支那半岛各地受迫害和被驱逐出来的大批僧侣提供避难地，而这些僧侣又为佛教传播作出了贡献。在马六甲海峡以东，印度支那的海上王国往往也同中国的诸侯小邦保持着谨慎的友谊。

阿拉伯人的兴起

与唐王朝差不多同时兴起的阿拉伯帝国，是一个跨越亚、欧、非三大洲的多民族伊斯兰国家。中国依从波斯人的习惯，称之为大食，中古波斯语作tacik，是从阿拉伯部落名称转译过来的。

阿拉伯帝国与唐王朝的兴盛有着许多巧合。大约在公元613年，阿拉伯帝国和伊斯兰教的创立人穆罕默德（约570—632）开始公开宣传伊斯兰教义。当时麦加的民众名义上崇拜多神，但很少人相信必须依赖超自然力，而那里的商人认为，事情大多可以靠财富和算计来完成。而启示给穆罕默德的《古兰经》的最早章节强调了安拉借助自然和麦加人的繁荣显示的善与强力，要求麦加人感恩并礼拜"克尔白的主"。因此，穆罕默德的布道也隐约批评了麦加富商的行为和态度。615年左右，他受到激烈的反对，于公元622年迁居麦地那。穆罕默德成了无可争议的社团领袖，在此后取得了一系列军事行动的胜利。穆斯林的力量不断增强，于公元630年进兵占领了麦加城，确立了伊斯兰教在阿拉伯半岛的支配地位。

穆罕默德于公元632年病故后，阿布·伯克尔成为哈里发，数年后欧麦尔又成为继任者。在十多年内，阿拉伯帝国经过"圣战"打败了拜占廷，相继占领了巴勒斯坦、伊拉克、叙利亚、美索不达米亚、埃及，并征服了波斯全境，灭掉了萨珊帝国。公元661—750

年，是倭马亚王朝时代——中国史籍称之“白衣大食”，阿拉伯继续大规模扩张领土，向东侵入了印度河流域和中亚，征服了呼罗珊，越过阿姆河，占领了布哈拉与撒马尔罕、费尔干纳等地区，直逼葱岭西麓。

与此同时，唐王朝的开创者李渊于公元613年开始在山西训练骑兵，积蓄力量，于公元618年取代隋朝建立大唐王朝；经过一系列战争，在公元625年左右统一了中国。唐王朝在太宗李世民统治期间（公元626年—公元649年），国家日益强盛，又相继战胜突厥，联合吐蕃，收服西域诸国，统治区域西抵碎叶城（今吉尔吉斯斯坦托克马克城）。之后，公元650年—公元755年期间，唐王朝在唐高宗、武则天、唐玄宗统治下，出现了帝国盛世，进入了中国传统社会的鼎盛时期。

唐王朝和阿拉伯帝国在中亚的扩张进取，不可避免地形成了冲突，在公元751年两国间发生了怛罗斯之战。安西节度使高仙芝于公元750年攻打石国（塔什干地区）。石国国王请降，但高仙芝将其作为俘虏送往唐宫斩首，于是西域各国都很怨恨，加上高仙芝贪婪，将缴获的珍宝财物独吞了，引起了士兵不满，军心涣散。石国王子逃到阿拉伯帝国，请求发兵复仇。大食派奴隶出身的伊朗人阿布·穆苏里姆率军前往，于公元751年4月与高仙芝率领的唐军在怛罗斯城进行决战。由于部众临时叛离，结果高仙芝大败，士卒伤亡殆尽。唐贞元中（公元785年—公元805年），大食又成为吐蕃的劲敌，交战中各有一些士兵被对方收容。公元801年吐蕃军队在鹿险山被唐朝韦皋的部将杜毗罗击败，吐蕃首领及康国、黑衣大食等军投降，共有二万人之多。

尽管大食和唐王朝有过这样的战争冲突，但更多的是友好的合作。两国很早就有了外交往来，公元651年大食占领波斯后，就派使者来到长安，以后更是频频派遣使者。根据史籍记载统计，自公元651年至公元798年的148年中，大食出使长安共有39次之多。唐朝称

伊拉克摩苏尔博物馆所藏人面兽身像

倭马亚王朝与伍麦叶王朝为白衣大食，而称公元751年代替伍麦叶王朝新建立的阿拔斯王朝为黑衣大食。阿拔斯王朝的建立，将阿拉伯与中国的关系带入了一个新纪元。两国以军事合作开始，并伴随着贸易关系而愈加密切。黑衣大食在掌权的第二年即派遣使者到长安和唐王朝通好，此后使节往来频繁，使阿拉伯和中国的关系有了很好的发展，贸易往来也变得十分繁荣。

安史之乱发生后，唐肃宗（公元756年—公元761年在位）于公元756年在灵武即位，征调朔方、陇右、河西、安西、北庭、回鹘、大食的军队共15万人，在公元757年收复了长安和洛阳。这些军队可能是经吐火罗开往灵武的。平定安史之乱后，他们有的留在了中国，在张掖、酒泉一带就有大食军队的后裔侨居。

8世纪以来，阿拉伯与中国的经济往来显示出前所未有的盛况。这一方面依靠西北陆道，另一方面也越来越仰赖于交广水道。陆上客商不绝于道，主要是往返于丝绸之路。当时从阿拉伯统治区来华的商人中，相当一部分是波斯人。波斯末代国王伊嗣候的后代泥涅斯客死长安后，从公元722年至公元747年，波斯出使唐朝有十次之多。这些使者多半便是奔波于丝路的波斯“胡商”，他们随身携带价值昂贵的珠宝和香药，成群结队来到甘肃、陕西一带，有的甚至深入四川，东下长江。

唐三彩中有很多随葬胡俑，这些胡俑大多深目高鼻，头戴尖顶帽，身穿折领衣，或抱西域乐器，或牵引驼马，反映了阿拉伯人辛劳跋涉于沙漠、山岭和丘陵之间的情景。在阿拉伯帝国境内许多城市，尤其是在巴格达，当时设有专卖中国丝绸、瓷器、茶叶、金银器等货物的市场。在德黑兰等地出土的唐代青瓷和彩绘盘，以及萨马拉成批出土的唐瓷残片，为这些阿拉伯商人、波斯商人当年陆上运输的繁忙景象留下了见证。西安附近的唐墓发现了波斯萨珊王朝银币和阿拉伯金币，在新疆吐鲁番阿斯塔那以北、哈拉和卓以西的中唐时期墓葬中，死者口中所含的钱币有很多波斯萨珊银币，也有拜占廷金币或它的仿制品，这些都是当年波斯和阿拉伯商人带到中国来的货币。

阿拉伯和波斯的海外贸易商也通过海道而来，并越来越多地从波斯湾取道马六甲海峡北上交州、广州。这些来华的波斯船大都从阿曼的苏哈尔或波斯湾北岸的西拉夫起航，沿着印度西海岸，绕过马来半岛，来到中国东南沿海。中国将这些进入沿海各港的外国商船称为市舶或互市船，有南海舶、波斯舶、昆仑舶、婆罗门舶、师子国舶，波斯舶代表了阿拉伯商船，出入交州、广州的极多。

在唐代，因通商而侨居中国的阿拉伯人和波斯人很多，这些阿拉伯和波斯侨民大都集中在广州和长安两地，其他在扬州、洪州（今南昌市）、张掖等地也都有波斯客商来往和定居。阿拉伯人中甚至有以进士登科的，如大食人李彦昇，于847年受宣武军节度使卢钧举荐到京城，第二年参加礼部考试成为进士。晚唐时侨居中国的阿拉伯人参加科举考试中榜的也不乏其人，这充分显示了唐王朝政治的开放。

中世纪的伊斯兰教帝国扩展了丝绸之路的范围和影响，伊斯兰教在丝绸之路的东段与西段都产生过重大影响，丝路沿线那些伊斯兰风格的建筑与风俗，便是这种影响的生动体现，留存下来的遗迹已和古老的丝绸之路融汇在了一起，成为丝路的重要组成部分。阿拉伯帝国在8世纪末开始分裂，到1258年蒙古人攻入两河流域，阿拔斯王朝终于覆灭。此后中亚一度处于蒙古帖木儿帝国控制之下，到14世纪末，中亚的穆斯林才又纷纷建立起伊斯兰教国家。

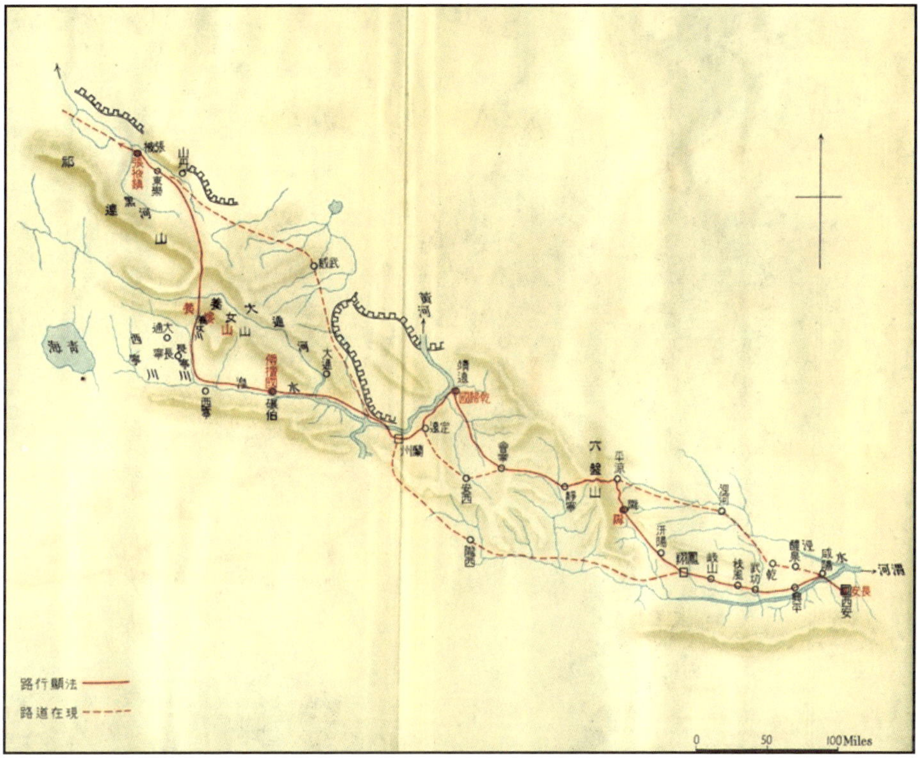

法显西行求法离开长安后的线路图（一）

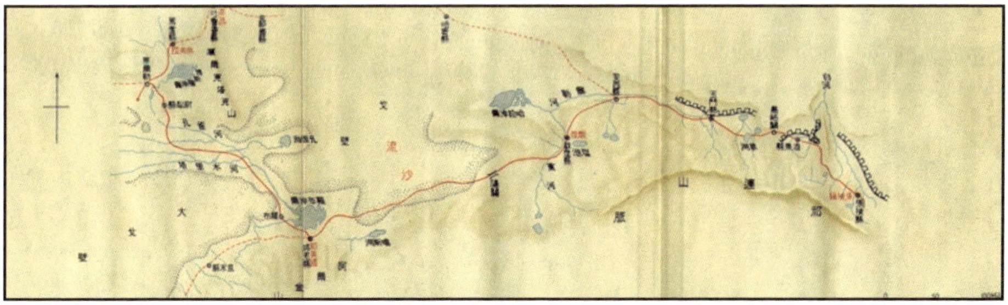

法显西行求法离开长安后的线路图（二）

敦煌第二八五窟菩萨像，西魏时期（公元535年—公元556年）。

五代至宋朝间，敦煌在地方政权统治下，长期处于和平状态，经济方面有较大发展，文化艺术上则继承了盛唐的艺术精神。此为第六一窟屏风画，主题为佛教故事中的“释迦涅槃”。

敦煌第六一窟各国王子听法

唐三彩骆驼商俑

唐代骆驼俑

敦煌第二三一窟壁画，乐舞图中的三位乐伎，或弹琵琶，或吹筚篥，或吹笙。形象为高鼻深目，似为当时的外国乐队。

东汉杂技俑

十三世纪的印度古雕塑

1240年的球形平面图，作者埃伯·托尔弗。

1519年的世界地图，作者洛博·欧曼，法国国家图书馆藏。

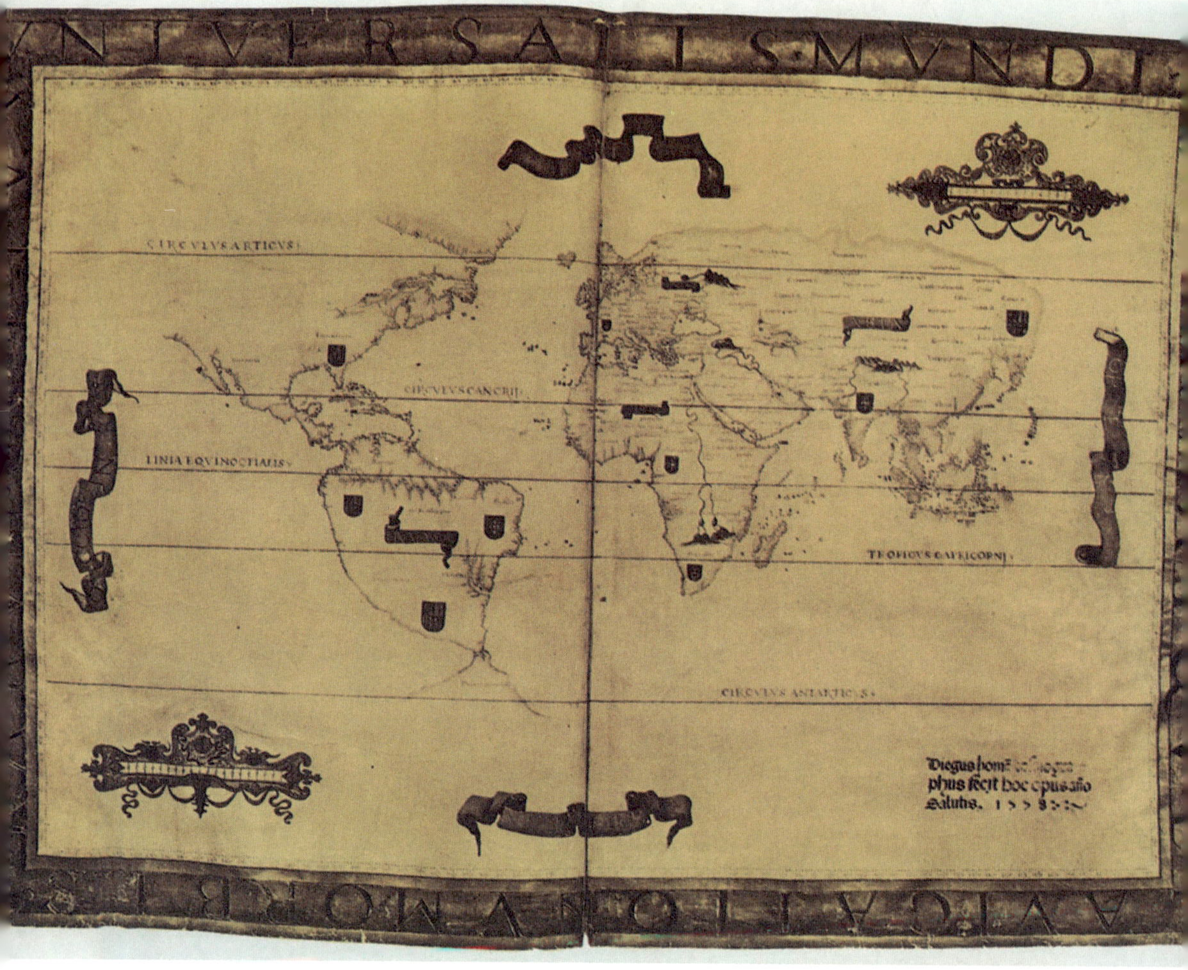

1558年的球形平面图，作者迪戈·欧曼，伦敦大不列颠博物馆藏。

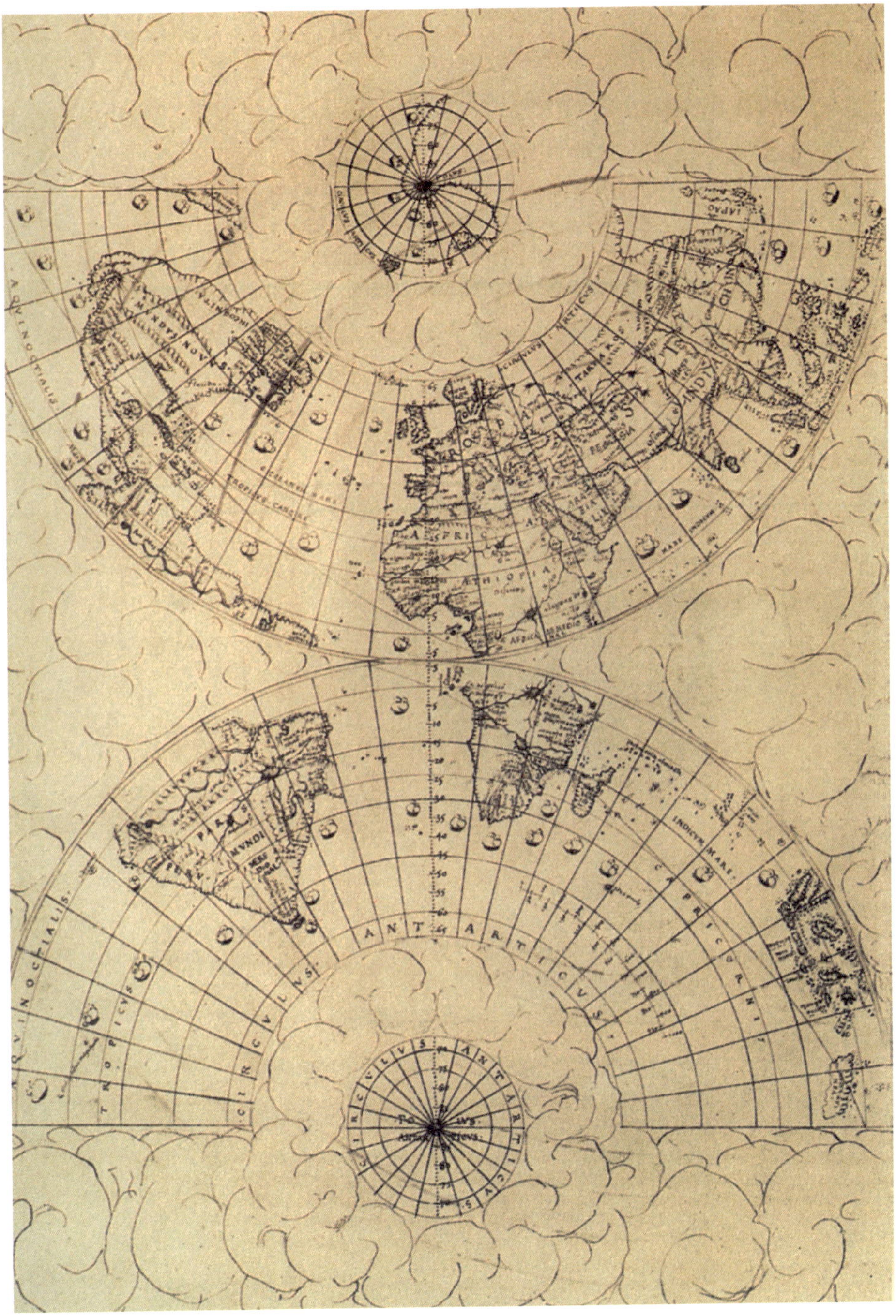

1561年的世界地图，收于巴尔托洛门的《天文学》，法国国家图书馆藏。

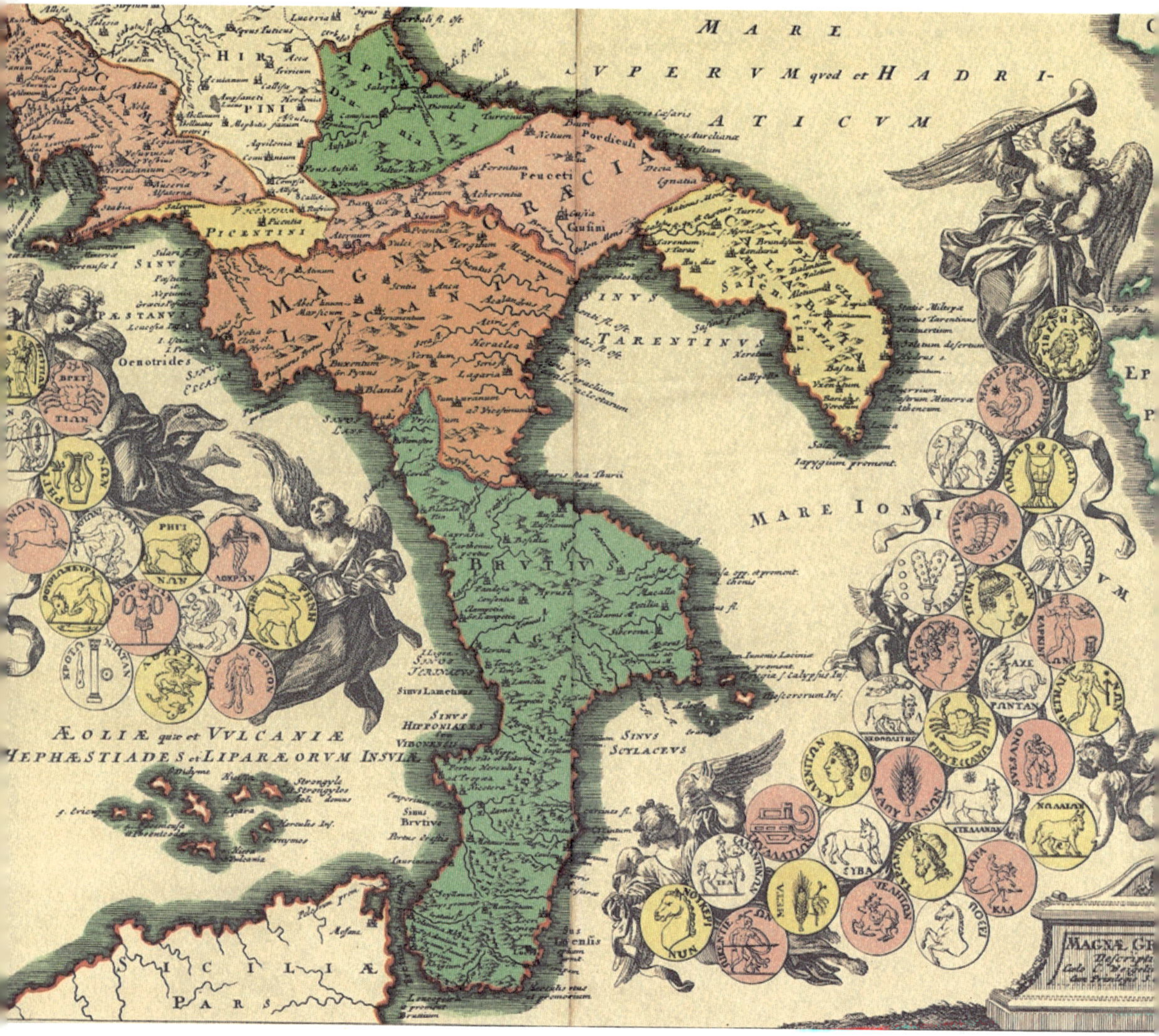
MARE
SVPERVM quod et HADRI-
ATICVM
MARE IONI
CAMPANIA
HIRPINI
PICENTINI
MAGNA GRÆCIA
LVCANIA
SINVS TARENTINVS
BRVTIVS AGER
Oenotrides
ÆOLIÆ quæ et VVLCANIÆ
HEPHÆSTIADES et LIPARÆORVM INSVLÆ
SICILIÆ PARS

十三世纪的地中海

APVLIAE, QVAE
OLIM IAPYGIA,
NOVA CORO:
GRAPHIA.
ORIENS.
SEPTENTRIO.
MERIDIES.
OCCIDENS.
PVG
LIA, vel
Terra
di Otranto.
TERRA
DI
BARRI.
CALA
BR
IA.
Golfo di
Taranto.

九世纪意大利南部地图

十六世纪，为中国与西亚、欧洲海上贸易中转的印度商船。

元代青花花卉纹八棱玉壶春瓶

意大利塔兰托古地图，与东方有久远联系的西方海港之一。1860年英法联军侵略北京，所掠取的《永乐大典》首先运抵此港。

明红地五彩龙纹瓷盖罐，法国吉美艺术馆藏。

明代青花镶口盖窄颈瓶，葡萄牙里斯本梅德罗及阿尔梅达基金会藏。

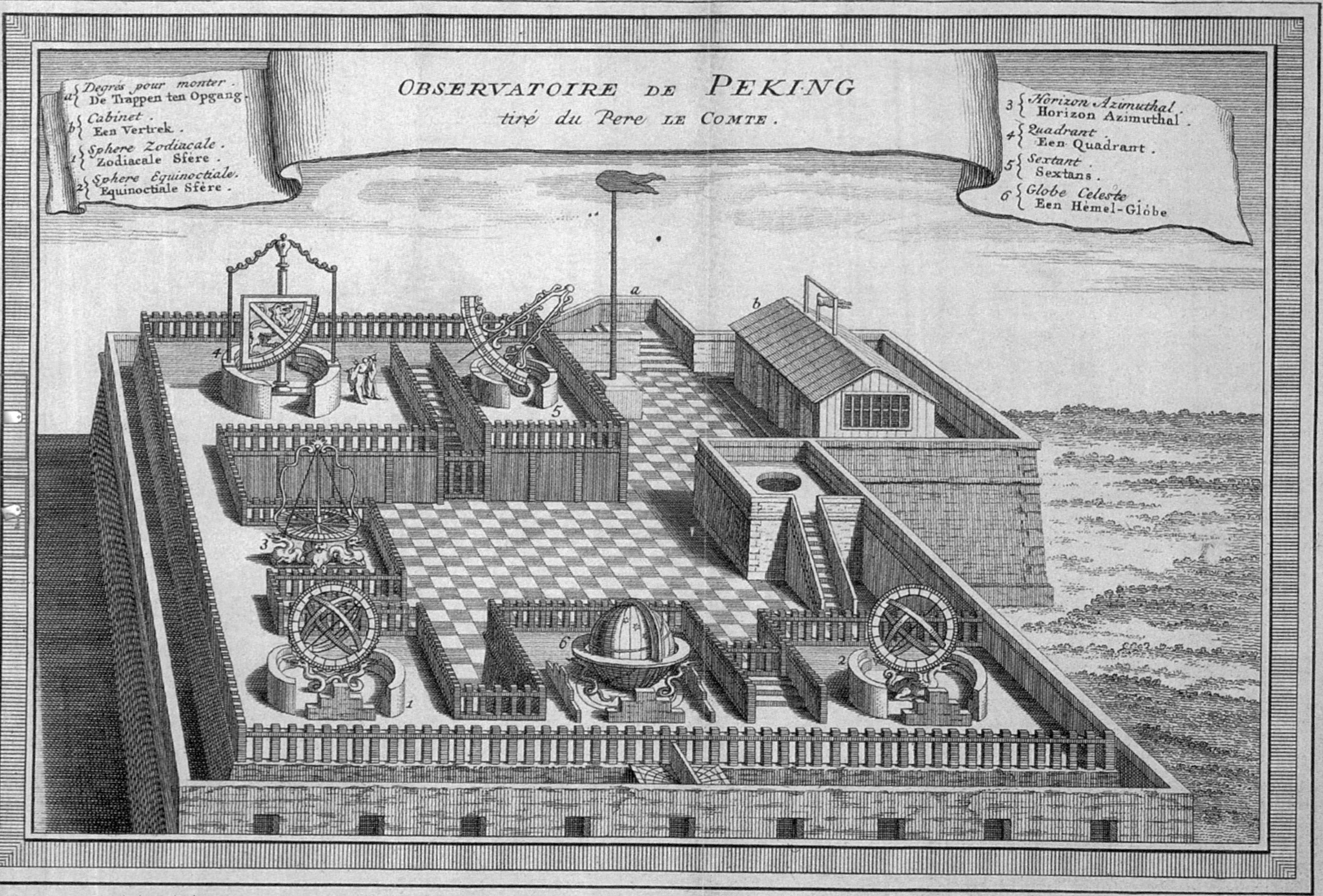

OBSERVATOIRE DE PEKING
tiré du Pere LE COMTE.
a { Degrés pour monter. De Trappen ten Opgang.
b { Cabinet. Een Vertrek.
1 { Sphere Zodiacale. Zodiacale Sfère.
2 { Sphere Equinoctiale. Equinoctiale Sfère.
3 { Horizon Azimuthal. Horizon Azimuthal.
4 { Quadrant. Een Quadrant.
5 { Sextant. Sextans.
6 { Globe Celeste. Een Hèmel-Glôbe
a
b
1
2
3
4
5
6

北京天文台

罗马艺术在东方的影响

汉晋时期，随着佛教的传入，以犍陀罗为中心的佛教美术也同时开始了它的东征，贵霜统治者已经接受了罗马的艺术，在钱币上仿造了一个罗马皇帝的半身像。贵霜王朝和罗马之间兴旺的贸易，也使罗马帝国东部各省将罗马题材带到了印度，所以在犍陀罗艺术中就有模仿罗马题材的作品。

公元1世纪初侵入西北印度的乌弋山离贵族，是脱离了帕提亚本土的苏林家族的后裔，与波斯湾北岸、印度河口的希腊商站关系密切，和接受了希腊文化的塞人也有频繁的接触，因此成为小亚细亚、叙利亚和埃及等地罗马艺术的传播者。在公元初的三个世纪，亚历山大（埃及）和贵霜王朝建立了密切的商业关系，在艺术传播上，亚历山大的罗马美术对犍陀罗也起着主流的影响作用。和亚历山大相比，来自叙利亚的陆上的传播只能算是支流了。

作为东西文化艺术交流的优秀成果，犍陀罗艺术在一些遗迹中奇迹般地保留下来，其中最令人震惊的是一些绘画。1906—1907年间，斯坦因在塔里木盆地东部罗布泊（古蒲昌海）地区的古伊循城（今新疆米兰），发掘出了一些巨幅壁画，这些壁画由于沙漠地区气候干燥才得以保存下来。但来自西方的旅行家和历史学家们在长达十四五个世纪的时间里对此却一无所知，多次异族入侵和袭击也没有触及这批珍宝。

斯坦因在米兰遗址附近的佛寺中发现的犍陀罗派希腊式带翼天使壁画

斯坦因对古代废墟进行了系统的考察，这些古废墟中有丰富的中国汉代和印度古文明的残余遗迹。他在一座佛寺遗址首次发现了犍陀罗时代的壁画。用斯坦因自己的话来说，当他看到和“天使

（cherubim希腊有翼天使）艺术同样古老的艺术品”时惊讶不已，甚至有点不相信自己的眼睛。稍后不久他又写道：“这些壁画的图案和色彩上都是典型古典式的（指西方传统的古典形式），比我此前所见过的任何古代绘画艺术品更为古老……无论是在昆仑山以南，还是以北，一概如此”。画中人的两只大眼睛炯炯有神，嘴唇丰满而小巧，鼻子略呈鹰勾状，这不禁使斯坦因眼前呈现出了“托勒密和罗马时代法尤姆（Fayum埃及一地区，基督纪元初期该地蜡画艺术极为发达）埃及希腊青年男女们的形象”。并且他还在人物形象方面看到了闪米特（Semitic）人的一点迹象，“佛像的头部无可争议的是属于希腊人种，虽然其鼻子多少有点象闪米特人”，“其笔直和巨大的眼睛，与此前我们在中亚和远东所发现的所有绘画中的人物面庞中那种眯成一条缝的斜视目光不同……下部和右部的最后一位罗汉，左手的位置是典型的罗马塑像式的（手放在脖子附近，从长袍下面伸了出来）”。为了协调颜色的明暗，画家在面庞周围涂以灰色；在双目以下，用很轻的几笔对肌肉进行了处置，甚至还使用了白色。据斯坦因分析，这种特殊的技法完全是西式的。通幅画面说明，在公元后的几个世纪里，地中海艺术家对这里曾施加过直接影响。

在米兰遗址，还有其他一些发现也能说明西方的影响。期坦因告诉我们：“这些人物都很年轻，戴着弗里吉亚人式的帽子，尽管其面庞稍呈女性，但它们不禁使人想到全罗马帝国所崇拜的米特拉太阳神的面型轮廓……男性的头像千变万化，有些完全是罗马式的。在其他一些人物头像中，头发修剪得很特殊，留着胡子，这一切都说明他们都是末开化的蛮族人。”斯坦因还发现了一幅妙龄少女像，“其面庞是希腊、切尔克斯或利凡得（地中海以东地区）人形的”；还有一幅是典型罗马男性的面庞，此人“作以典型的掷骰子的姿态，右手高高举起，食指和小拇指伸开，中间的另两个手指蜷缩”。

有一幅壁画描绘着佛陀一生中无数故事中的一段。画面中表现的“仪式行列，乍看起来，它完全会使人想到这是一次罗马凯旋仪式，除此之外，几乎没有任何其它解释……图中的马匹和鞍辔马具等又有某种罗马特色，最令人感到难以置信的是：第二幅壁画似乎与第一幅同出于一位大匠之手”。在宗教壁画的边角上，作者签署了自己的名字，字是写在白象蹄子上的，共有两行被称为“佉卢文”的印度文字，其中包括有“Tita”一字，这就是罗马文字中经常使用的“Titus”一词（意为“仿罗马皇帝提图斯式的画像”）。斯坦因由此而断定，这位艺术家，即附近两幅壁画的作者，“在绘制宗教画面时，根据宗教艺术的惯例，被迫遵循传统的东方佛教艺术……而在世俗画面中，他又自由地使用了希腊、罗马的技术”。这位作者可能祖籍欧亚大陆，出生在北印度或中亚，在佛教环境中成长，但也受到了西方绘画大师们的栽培。他既精通佛教艺术的惯例，同时也通晓西方艺术。

米兰是人们发现“罗马化”艺术遗迹最东部的中心。这些壁画在国际上引起了高度关注，以至于斯坦因认为有义务把它们转移保存在可靠的地方，即大英帝国。他首先试图把它们拍摄下来，但这样就会失去其本来的颜色光泽，另外，因为这些壁画是绘在狭窄的通道两旁的石壁上的，拍摄时缺乏回旋余地。于是，他决定把这些壁画搬走，就是把这些壁画剥离开，将壁画层平展地放入带棉垫的木框，画面向下，历时三年后，这几幅壁画被完整而安全地运到了大英博物馆。

过了40多年，道尔斯道夫所率领的前苏联探险团系统地勘察了托普拉克—卡拉大石堡。该石堡紧靠阿姆河右岸，距咸海海岸有150公里至160公里之遥。它的三个城楼高达二十五米，居高临下，可以鸟瞰全城。这座大城堡曾是花剌子模王国的首都，这个王国或者半独立，或者半附属于波斯和贵霜。道尔斯道夫考察团发掘出了大量绘有壁画的亭子，这些壁画绘制于粘土墙壁上，一般为白底矿石色，有的又喷以晶莹洁白的粉沫，还有的表现为传统的犍陀罗艺术风格，有的则又表现为“罗马时代造型艺术”。在这些画像中，人物也是眉毛浓黑，双目直视，瞪得圆圆的。所有这一切又使人们联想起叙利亚、埃及、黑海北岸那些民族的相貌。道尔斯道夫写道：“在仅有的一座亭子的檐壁上，有两种艺术流派相融汇，也就是两种传统。”和在米兰遗址一样，在同一个亭子的同一画面中，犍陀罗艺术和罗马时代的西方艺术风格共存着。这也使人不由得猜想，此类壁画是由同一位艺术家，或者是在同一位巨匠指导下的一个小组绘制完成的。他们可能操两种语言，同样也运用两种艺术风格和绘制技术。

这些发掘物都属于公元3世纪。在没有新的发现之前，它们标志着地中海沿岸诸民族在东方占领区的边缘。

在贸易大道另一端的且兰地区的墓地里，也发掘到了中国的羊毛织品和丝绸织物。当时很可能曾用这类物品做过裹尸布。在艺术风格和技术上，这些织物与斯坦因在罗布泊东部地区的楼兰发现的丝物残片都有相似之处，这表明，两个纺织民族之间可能建立了技艺上的交流。在且兰还发掘出一些单色的大马士革式的锦缎花纹织物，这种织物质地很厚，两面图案完全一样；一方面，它们具有大马士革锦缎花纹布式的图案，另一方面，它们又很像是塔夫塔粗丝，可作衣服的衬里使用。把这两种缎纹技术结合为一体，代表着特别发达的纺织艺术，人们一般认为这种技术是由汉人首创的。这种根据汉代布纹纺织的缎纹丝绸，闪闪发光。卡尔莱战役中，安息人的军旗很可能就是用中国生产的缎纹丝绸制造的。

通过上述的米兰古壁画，我们可以看到罗马对最遥远地区的影响。罗布泊地区是当时工业和艺术交流的典型汇合地，在那里发现的大量汉代铜钱，说明此处曾有汉族商客；发掘出来的丝绸，标明了这条国际交通道路的各个集市，并且确定了沿途各驿站的位置；出土的汉代铜镜、翡翠珠子和瓷器，说明这里的女性比较喜欢装扮；出土的铜箭头，又让人们猜测，那里曾有过匈奴人和强盗们的活动。在罗布泊地区还发掘出了一些粗糙的纸张残片，上面用一种神秘的文字写满了题词，这种文字从右往左书写，与婆罗米文颇有相似之处，后来，这些文字逐渐被解读出来，其实是粟特文。在罗布泊地区所发现的粟特文文献并不多，更多的则是写在木片和竹筒上的汉文文献，以及一种被称为“佉卢文”的印度文字。

在罗布泊地区的发掘中，斯坦因还在一个犍陀罗式的安乐椅扶手的丝绸碎片内垫里，发现了一只薄皮底的中国样式的女式拖鞋。鞋面是乳白色的羊毛织品，饰以绣好的几何形图案，色彩精致，“这使人不禁又想起了科普特或拜占廷的式样”。通过女用拖鞋这样一种平凡的日常生活用品，再一次证明了“罗马帝国对地中海以东国家”的影响，也证明了大秦国对西域手工业的影响。

比米兰壁画稍晚的犍陀罗式绘画以库车和拜城为最多。库车附近的克孜尔千佛洞，是一座犍陀罗式艺术的宝库。其中的画师洞中，有一幅画师临壁绘图的自画像。图中画师垂发披肩，身着镶边骑士式短装，上衣敞口，翻领右袒，腰佩短剑，右手执中国式毛笔，左手拿着颜料杯。铭文题名为米特拉旦达（Mitradatta），是一个地道的希腊名字。有人从服饰上断定画师是个吐火罗人，但其头发的式样却和其他各处壁画中的吐火罗人差异颇大，希腊式名字和拜占廷风格的服饰足以表明，画师应该是拜占廷人。

吐鲁番附近发现的西域壁画属于公元7至10世纪的作品。从这些壁画中可以知道，罗马画风的影响直到8世纪时仍然保持着它的活力。这些壁画都是由德国的格伦韦德尔和勒·柯克在20世纪初从吐鲁番附近剥取后，运往柏林民族博物馆的。在剥取过程中，不少原作遭到破坏，使吐鲁番洞窟壁画损失惨重。亦都护城的壁画中有身着希腊式衣冠的妇女，壁画中诸佛壁画或造像有时还采用了拜占廷的坐式。胜金诸画中的天女与库车和巴米安壁画的画法相同，可以看出从巴米安经库车到亦都护的传播路线。巴米安中央大佛龛（高53米）右上侧圆形壁画中的天女散花图，是库车克孜尔孔雀窟的先驱，后来又东传到吐鲁番。三地壁画的时间相隔不久，都在公元7至8世纪间。而于阗附近丹丹乌里克遗址出土的一幅壁画，有裸体的龙女浮泳于莲盘之上，艺术家表现出的龙女羞涩之态与曼第西的维纳斯像十分相似。

多彩的丝路文化

吐鲁番——多民族文化的交汇处

在中国历史上吐鲁番是多民族文化交汇融通的丝路重镇，它见证了汉唐经营西域的复杂历程。在汉朝进入西域开通丝路的时候，吐鲁番盆地由于其东通河西走廊、西连塔里木盆地诸国的重要地位，成为汉朝与匈奴倾力争夺的战略要地。经过反复较量，日益强盛的西汉王朝终于成功地控制了丝路，占据了这块军事重地。匈奴由于失掉了吐鲁番盆地，而使其在西域的势力受到沉重打击，从此一蹶不振。两汉以后，由于政治局面的巨大动荡，5世纪初这里又出现了一个高昌国，在北方游牧部族柔然的支持下，击败车师，据有了整个吐鲁番盆地。6世纪初，高昌又成为突厥汗国的属国。到7世纪唐朝击败突厥后，高昌也土崩瓦解，成为唐朝的管辖区。

东晋咸和二年（公元327年），前凉（公元301年—公元376年）张骏占据了吐鲁番地区，设立高昌郡，其郡治就设在高昌城内，高昌城由此而得到了扩建和迅速发展。到了公元5世纪中叶，北魏统一中国北方后，割据河西的北凉王族向西迁移，占据了吐鲁番盆地，赶走依附柔然的高昌太守阚爽后，高昌城便成了北凉都城。不久柔然又攻灭北凉，以阚爽后裔阚伯周为高昌王，这里就成了高昌国的统辖地。其后，这里又出现了频繁的权力争夺，张、马、麹氏相继称王。北魏太和末年（公元499年），麹嘉上台，局势才逐渐稳定下来。

唐初麹文泰继位，与唐朝保持了很好的关系。贞观四年冬天，麹文泰到长安觐见，唐太宗赏赐丰厚，并将其妻赐姓李氏，封为常乐公主。这些都促进了高昌的繁荣，使它成了西北地区一个重要的政治、经济、文化中心。到唐朝贞观十四年（公元640年）高昌国灭亡，前后历时140年。高昌故城作为高昌国的都城，在这一百多年内获得了充分发展，成为丝绸之路上一座经济繁荣、规模宏大的名城。

西汉经营西域以来，汉族人曾大量进入高昌，华夏文化在这里得到了广泛传播。豪门家族墓葬大都有砖质墓志，墓室中广泛使用汉代中原地区流行的伏羲女娲图像。大量的墓室壁画生动地表观了两晋、南北朝、隋唐时期高昌的社会生活情景。画面中有骑马出行和歌舞宴乐的贵族男女，有使用各式农具从事耕作的百姓和屯田士兵。出土的大量陪葬物品，如丝绸衣服、琴棋笔墨、干鲜果品等，更是当时生活的真实反映。阿斯塔那的哈拉和卓古墓区出土的大量的粟特文、回鹘文和汉文文书，是记录这段历史的珍贵的历史资料，目前已整理出2700多件，这就是著名的“吐鲁番出土文书”，其中记录了高昌城内兴旺的商贸交易和丰富多样的商品。一份早年被日本人挖掘到的唐天宝记账文书，表明了高昌城中有各种行业，出售的各类商品还分有等级，价格也因之不等。这些都充分反映了高昌城内经济文化生活的繁荣。玄奘西行求法，途经高昌，受到过麹文泰的盛情款待，曾对高昌国的居民生活和佛事活动作了详实记述。玄奘在高昌停留的一个月期间，曾开展讲经活动，当时高昌寺院的宏大和佛事活动的昌盛，在西域诸国中最为突出。

于阗——唐代西域的佛教中心

在昆仑山北麓，有一个自古以来就因出产美玉而闻名于世的地方，就是丝路商道上的西域名城于阗。于阗位于塔克拉玛干大沙漠的西南边缘，虽然面临着浩瀚的大戈壁，但发源于昆仑山的于阗河（今和田河）和玉龙喀什河、喀尔喀什河却在这里浇灌出了水草丰茂的绿洲和大片的良田沃土，使这里成了西域最富庶的地方。这里产的玉石，在非常久远的年代即已被运到了中原内地，在河南安阳殷墟出土的玉器大都是采用和田玉制成的。传说周穆王万里西行，和西王母聚会于天池，曾在此载玉而东返。

通过考古发现和传说记述，可以知道和田玉石确实有着悠久的历史，玉门关名称的由来，即与玉石东运之路有着密切的关系。这里出产的玉石，种类很多，有的晶莹洁白，有的翠绿欲滴，有的艳红似丹，有的黑润如漆，有的黄如蜜蜡，色泽丰富，其中尤以羊脂玉最为名贵。因为贩玉带来丰厚的利润，所以贩运者很多，除了本地商人，还有来自波斯和西域其他地区的商队，都将和田美玉作为畅销的贵重商品长途贩运。

于阗以美玉名扬四海，同时也因美玉而富庶。汉代开通丝路后，西域和内地的往来更为便利，关系更加密切，于阗在丝路南道的地位也变得越发地重要了。据《汉书·西域传》记载，西汉时于阗国距长安9670里，有人口3300户、19300人，兵丁2400人；到了东汉时，据《后汉书·西域传》记载，于阗国已迅速发展为32000户、83000人、兵丁30000的西域大国了，其人口和势力，与丝路北道上的龟兹、丝路南道上的鄯善不相上下。随着丝路贸易的兴盛和东西方文化交流的频繁，于阗还引进了内地的蚕桑和丝绸纺制技术，成了西域的一个丝绸基地。

由于于阗的重要地理位置和丰富的物产，多种文化交汇于此，形成了绚丽多彩的文化风格。印度佛教经克什米尔地区，较早地传入了于阗。法显西行求法，来到于阗时，这里已经是佛事盛行之地了。当时于阗建有华丽宏伟的寺院，僧众达数万人。玄奘去天竺途经于阗时，正赶上这里举行隆重的行像仪式，这是于阗一年一度的盛大节日。他详细记述了当时的雄壮场面，描绘了当地的佛教寺院和供奉的众多佛像，还记录了于阗建国和于阗国王自称为毗沙门后代的传说。由于佛事的盛行，富庶的于阗国很快就成了西域佛教的一个中心。20世纪以来，在和田境内和邻近地区曾多次发现佛教寺院遗址。斯坦因到和田时，曾在多处遗址进行发掘，发现了大量犍陀罗风格的佛像，在和田东北沙漠中的丹丹乌里克遗址，还发现了绘有“波斯菩萨”与印度形貌神像的画板。斯坦因认为这是波斯史诗传说中的英雄罗斯旦与降伏的魔王。从这些遗迹中可以看出，于阗接受了波斯和印度的影响，同时又融合了中原的汉文化。此外，阿拉伯文化、西亚文化、蒙古文化、西藏文化、西方基督教文化，在于阗的历史遗存中也都有充分的反映。

唐朝时，西域诸国被西突厥所控制，唐太宗贞观六年（公元632年），于阗国王派遣使者向唐太宗奉献玉带，其后又遣子入侍。唐军攻克龟兹后，于阗王立即派其子用骆驼载去13000匹绢馈赠唐军，这也充分显示了于阗的富庶和丝织业的昌盛。唐太宗葬昭陵，陵前刻立的众多番君石像中，就有于阗国王的形象。于阗国王还随唐将前往长安觐见唐皇，被唐高宗封为右骁卫大将军，得到了住宅一处及金带、锦袍、布帛等赏赐，被留在长安住了数月。其后，历任于阗国王都与唐朝保持着密切关系。

值得一提的是，于阗尉迟氏中就有长久居住长安而被充分汉化的。唐太宗时的名将尉迟敬德便是著名的代表。这位武功卓绝的名将辅佐唐太宗平定天下，立下了赫赫战功。安史之乱发生后，于阗国王尉迟胜把王位让给兄弟尉迟曜，率精兵五千人援助唐肃宗，立下了战功而被封为骠骑大将军。唐代大画家尉迟跋质那和尉迟乙僧父子，也是于阗国人。他们擅长画佛像以及功德人物、花鸟，汲取了中亚和西亚以及印度的绘画艺术风格，在构图、造型与色彩运用等方面具有很高的造诣。

克孜尔千佛洞第七窟说法图壁画

中西合璧的石窟艺术

据汉文史籍记载，公元三四世纪，已有较多的龟兹佛教徒到内地译经，说明龟兹当时的佛教已相当昌盛。到公元4世纪中期，龟兹的僧众已有一万余人。克孜尔石窟就是在这样的历史背景下开凿并逐步发展的。早期龟兹流行小乘佛教，后来高僧鸠摩罗什在龟兹大力宣扬大乘佛教，受到龟兹王的特殊礼遇。龟兹王专门为其造金狮子座，铺上大秦锦褥，请他说法。克孜尔石窟壁画中，便形象地反映了龟兹信奉小乘佛教以及后来大乘佛教盛行的情况。由于当地佛教寺院的日益繁荣，才导致了石窟造像于8世纪起逐渐衰落。公元9世纪中期以后，龟兹一带被高昌回鹘王国控制，佛教得到王室的提倡而继续流行。直至14世纪蒙古察哈台汗国统治库车地区后，强制推行伊斯兰教，克孜尔石窟遭到了大规模的破坏。虽然大量的雕塑佛像已毁弃无存，但留存下来的丰富壁画却记录和展现了昔日的繁盛。

就佛教石窟而言，克孜尔石窟正处在葱岭以西阿富汗巴米安石窟群和新疆以东诸石窟群之间，位于佛教东渐的关键点上。它保存下来的早期洞窟壁画数量，远远超过了巴米安，其早期石窟的年代比新疆以东现存最早的洞窟至少要早一百年左右。显而易见，克孜尔石窟在中亚和东方的佛教石窟史上，占有极其重要的地位，留存至今的壁画和出土遗物，已成为无价的瑰宝。

龟兹石窟艺术的绚丽多彩，与当时繁荣的东西方文化交流有着十分密切的关系。值得重视的是，龟兹壁画中，有以生动精妙的笔法描绘出的裸体人像，其中尤以女性裸体最为普遍。例如在众多的说法图中，常有姿态优美的裸体女子，或作听法状，或横卧佛前。所绘歌舞菩萨也几乎都是裸体。所绘舞伎和乐女，更是用夸张的手法，着意渲染她们美妙的裸体，毫不掩饰地描绘她们圆润丰满的乳房、肥硕性感的臀部。有的石窟壁画中，还有反映裸体和性爱的画面。这些大胆而坦荡的描绘，透露出希腊化人体艺术、犍陀罗艺术和印度佛教艺术的多重影响，其中印度式的通过丰满体形和弯曲身体来表现艳丽人体的艺术风格最为突出。龟兹艺术家们开放的襟怀和独特的审美观念，将世俗世界与宗教情怀巧妙地糅合在一起。龟兹壁画中这些精心描绘、富有创意的裸体形象，是石窟艺术史上的不朽杰作。

高昌佛教石窟艺术是西域历史文化的珍贵遗产。在高昌，当地佛教受到了汉族宗教信仰和当地民族风俗习惯的强烈影响，与东传的犍陀罗艺术、印度佛教艺术糅合在一起，使得高昌与龟兹的佛教艺术呈现出不同的风格，在高昌的石窟壁画中有着形象生动的反映。从艺术风格上看，它受外来影响很深，同时又融入了自己的创造。在高昌石窟的壁画中，不仅展示了富丽堂皇的佛国世界和千姿百态的佛像，还描绘了众多的供养人，生动地反映了当时西域诸国

敦煌石窟内部布置和装饰

最早被拍下的敦煌千佛洞石窟寺中的壁画

的宗教信仰和社会生活。在不少壁画中，还栩栩如生地展现了古代丝路商旅往来的情景，成为东西方文化交流的真实写照。

在敦煌城东南25公里处的鸣沙山与三危山间有中外闻名的莫高窟。莫高窟开凿于公元366年，后经历代王朝的不断开凿和扩建，形成了长达1600米、规模宏大的石窟群。现存有壁画或塑像的洞窟492个，彩塑2400多身，壁画45000多平方米，还有唐宋木构建筑5座。如将这些重重叠叠的石窟排列起来，可布置成一个长达25公里的画廊，不愧是世界艺术史上的惊人奇迹。而莫高窟藏经洞中约6万件历代写经、文书、帛画等，更是举世罕见的历史文化宝库。

莫高窟的壁画是一座艺术的丰碑，它以蔚然大观的画面和丰富多彩的内容，对奇妙的佛国世界作了富有想像力的精彩描绘，生动形象地反映出中国古代文化艺术和社会生活的诸多方面。莫高窟壁画具有浓厚的本土色彩，又有明显的西域特点，同时还吸收融合了中亚、西亚和南亚的佛教艺术元素。莫高窟早期壁画中的裸体菩萨等，就明显带有希腊化犍陀罗风格，以及印度佛教艺术的影响。中后期壁画中的飞天，即开始由上半身半裸的西域风格向宽衣博带的中原正统风格过渡，反映了中国传统文化与外来文化因素的碰撞。壁画中还涉及许多中国传统神话题材，诸如西王母、东王公、伏羲、女娲等，此外还有将阿修罗王、须弥山、飞天、莲花与中国传统神话故事描绘在一起的画面。在大量的供养人画像中，既有汉人也有胡人形象，是对各民族往来的生动写照。最有代表性的是第220窟中的"维摩诘经变图"，围在维摩诘阶下听法的各国王子中，有高鼻深目的西域人、卷发棕肤的南亚人，还有肤色白皙的欧洲人，表现了大唐帝国的强盛和丝路文化的繁荣。在第159窟与其他一些洞窟的壁画中，对此也有生动传神的描绘。这些绚丽多彩、洋洋大观的画面，如今已成为研究古代文化艺术最珍贵的资料。敦煌藏经洞的发现，更是举世轰动的大事，一门世界性的学科——敦煌学也由此产生。

远来的异教

景教

基督教最初是在公元三四世纪传入中国的。在三世纪末罗马作家安诺比斯的著作《斥异端》中，即已列举耶稣福音传至中国、印度的情况，而新疆米兰挂有基督教壁画的寺院大约是中国最早的基督教堂。5世纪时，由于聂斯脱里派深入内地，基督教在中国发扬光大，在唐朝被称为“景教”。聂斯脱里派的创立者叙利亚人聂斯脱留斯在公元428年—公元431年任君士坦丁堡大主教，他倡导耶稣兼有人神二性的新说，和主张耶稣一性论的埃及亚历山大里亚大主教展开辩论，结果聂斯脱留斯被罢免大主教职务，于公元435年被宣布为异端并被驱逐出境。聂斯脱留斯和他的信徒只得流亡波斯，在波斯建立总教会，向西亚和中亚传播教义，翻译希腊科学、哲学著作。在中亚，基督教于公元411年—公元415年成立了赫拉特大主教区，撒马尔罕大主教区于公元503年—公元520年成立，这些教区都曾兼管中国教区的传教。至于中国大主教区的传教则是公元635年以后的事了。

公元五六世纪之际，景教已在洛阳正式传播。著名的《洛阳伽篮记》记载了当时洛阳佛教之盛，“百国沙门，三千余人，西域远者，乃至大秦国”。所谓大秦国的传教者，不一定来自拜占廷，而是以叙利亚僧侣为骨干的景教徒。“太宗文皇帝，光华启运，明圣临人。大秦国有上德，曰阿罗本，占青云而载真经，望风律以驰艰险。贞观九祀，至于长安。帝使宰臣房公玄龄总仗西郊，宾迎入内。翻经书殿，问道禁闱。深知正真，特令传授”。这篇文献铭刻于著名的长安府《大秦景教流行中国碑》上。此碑立于公元781年，在1625年3月间，由于偶然的机会而被挖土人发掘出来，它是至今保存完好的能证明基督教传入中国的第一份文献，也是一份最为重要的历史文书。铭文的其他段落也清楚地证明，这里的景教是指基督教聂斯脱里派。铭文中所提到的阿罗本（Alopen）是一个人名或职称，这位传教士从遥远的异域跑到中国传播福音。

唐太宗对阿罗本的殷勤款待反映了大唐的包容与开放。太宗是一位视野开阔、雄才大略的君主，他允许各教各宗并行不悖，共同繁荣，儒教的宗派主义者为他所慑服，无论是佛教徒还是道教徒，任何人都不会对他口出怨言。在唐太宗采取这种宽宏的态度的时候，西方却呈现出一片截然不同的景象——当时正值法兰克人和撒克逊人各自以“上帝”的名义互相残杀。

在唐肃宗执政期间，景教徒们一直是生活在宫中的。据史料记载，五座景教教堂的修建也归功于唐肃宗。在唐代宗执政期间（公元763年—公元779年），每当他高摆寿台的时候，都要在景教的教堂中焚天香，并宴请所有的景教徒。还有一点更为清楚，一位来自巴尔赫的名为伊斯的教徒，凭着“术高三代，艺博十全”先被派到了宫廷，后又被派往军队，甚至皇室内廷的大门对他也是敞开的。正是在此人的极力怂恿下才竖起了上面提到的那座长安府石碑，所以碑文中对他赞不绝口。

景教在中国的传播一直持续到公元845年唐朝皇帝发布禁教令为止。这道禁令迫使两千多名景教徒和祆教徒还俗。如果同受到这道禁令打击的二十六万零五百名佛教善男信女比较起来，实在是太小的数字了。从此，这两种西方宗教在中国就一点点销声匿迹了。

天主教造像，建于海上丝路起点泉州。（1313~1362）

与“大秦景教流传中国碑”同时树起在西安“大秦寺”的十字架（781年）。

到了公元980年左右，基督教教会的两位使节奉命到中国重整宗教秩序，但他们很快就又回到了巴格达，并且宣称中国的基督教徒和教堂已完全绝迹。景教传教士们一般与商队同路而来，独来独往的游客很罕见。他们既没有随身携带香料、首饰和珍贵衣料，也没有带来珍禽奇兽。今天看来，他们在中国仅仅留下了一篇碑文、几卷文献写本和几个十字架。

无论是皇恩庇护下暂时的成功，还是在中国各郡各道的传播，所有这一切只能以唐朝皇帝对外国异教的宽容和好奇来解释。当时，外国人为了进入中国，需要办理大量的文牍执照和入境签证，他们会受到严密的监视，要居住在某些指定的城市里，甚至规定只能住在某些居民区中。当外国使节的随从人多势众的时候，总会被分成许多小组，并绝对禁止在中国的疆域内擅自活动。对外贸易只能在政府代理人狭小的窗口进行，这些窗口或在边境城市，或在港口，或在京城的某些特定区域内。然而，在文化领域里，所有那些盛享才智、学识和道德声誉的作品都深受欢迎，中国人对大秦国的传教士们给予过盛情款待。

祆教

公元前6世纪，波斯人琐罗斯德（Zoroaster）创建了祆教。因该教拜火、以火光代表至善之神崇拜，故名“拜火教”；同时，该教还拜日月星辰，故又名“祆教”。公元236年，波斯萨珊王朝以拜火教为国教，在中亚地区盛行一时。萨珊王朝的特点就是政教合一。对于萨珊波斯的国王来说，眷恋祆教是他以民族情绪抵制古希腊文化的一种手段。然而，一般说来，萨珊王朝的统治者对异族的态度还是相当宽容的，他们对犹太人和聂斯脱里教徒也表示过欢迎。

祆教传入西域的时间，如《魏书》卷102记载：“康国者，康居之后也。都于萨宝水上阿禄迪城……西域诸国多归之……有胡律，置于祆祠，将决罚，则取而断之……太延中（公元435年—公元439年）始遣使贡方物。”由此可知，康国祆教早在公元5世纪已十分盛行了。

唐史中的某些段落记载了祆教传入中国的情况，但并没有记载传教士从何而来。根据至今所发现的大量文化遗迹判断，大部分粟特人的部落联盟都信仰祆教，至今所发现的遗迹主要有骸骨堆、有关祆教信仰的壁画等。

公元516年，信奉天神、火神的滑国（昆都士）使者来到建康，和梁朝通使。公元518年，波斯国通使于北魏，中国才知道波斯和滑国都崇信天神、火神。北魏灵太后时（公元516年—公元527年）废除各种祭祀，独尊胡天神，将祆教奉为国教。

然而，祆教与中国人的传统观念没有多少共同之处，它没有像景教那样受到中国皇帝的赏识，这也可能是由于没有出类拔萃的代表人物所致。波斯是唐朝的盟邦和贸易搭档，唐朝皇帝之所以容忍祆教在中国各地流传，或许还有政治上的考虑。祆教中包含了为中国人的思想所不相容的特点，尤其是它认为两种对立的本源，即善与恶不可调和的对立性，还有那些有关火的禁令（禁止火与水相接触、禁止往火里投东西而玷污之，禁止在火焰之上呼吸，禁止阳光触及圣火）。祆教徒要将死尸陈设于塔顶上或山峰上，直到被野兽或肉食鸟类吞啄得仅剩下一架残骨。在汉人看来，这种殡葬礼仪是特别难以接受的。汉人非常尊重死者残骸的完整性，他们似乎一直把祆教看作一种外来宗教团体，是外族居民的一种野蛮的信仰，因而祆教从未对中国的思想产生过深刻的影响。祆教最终于公元845年也遭到禁止（其目的主要是为了根除佛教），并从此在华夏大地上消失了。但在“波斯锦”这类刺绣品中，祆教留下了某些装饰性和神话性的图案，今天的人们可以借此发现其踪迹。

摩尼教

摩尼教是三世纪时波斯人摩尼（公元216年—公元277年）创立的宗教。摩尼出生在波斯宿利城附近的玛地那，他采纳祆教、基督教和佛教教义，创立宣扬光明与黑暗斗争的摩尼教。摩尼被波斯萨普尔一世放逐，曾到过印度北部和中国西部。公元277年，摩尼被波斯王巴拉姆一世处死，摩尼教也被视为异端，遭到封禁，教徒多逃亡至中亚和印度。公元4至6世纪，摩尼教在北非和地中海沿岸各地极为流行。

公元694年，波斯人拂多诞（Furstadan）持《二宗经》来到唐朝。拂多诞是摩尼教经师，汉译“知教义者”，所持《二宗经》为摩尼所著，与《三际经》同是摩尼教祖的经典。在敦煌石窟发现的残本，现存放于北京图书馆，称《波斯教残经》。公元719年6月，吐火罗国支汗那（Jangàniyàn）之王蒂舍（Tes）献上一名通解天文的大法师，要求借此传布摩尼教，建立法堂，但没有被正式承认。吐火罗王信奉的是摩尼教，因此选派学有专长的高级摩尼僧侣来华宣教，旨在发展摩尼教，与袄教、景教争峰。

特别奇怪的是，倡导“善恶二宗”的摩尼教虽然也与袄教一样很难为汉人所接受，但在中国却获得了令人意外的大发展。人们已经发现了许多有关摩尼教的重要遗迹，如在敦煌发现的许多粟特文文献。另外，本世纪初还在中亚发现了许多摩尼教壁画。由于袄教主要通过口授传播，所以确实未曾留下过多少经文。由于粟特人当时处于文化高度发达的状态，摩尼教在康居深深地扎下了根。当波斯于公元3世纪驱逐摩尼教徒，并将其创始人摩尼处死之后，摩尼教徒们便投奔康居以求避难。在此后的数世纪中，摩尼教又在突厥人中赢得了一些信徒，回鹘人就是在中亚地区接触到摩尼教并将其列为国教的。这也决定了汉人政府对待摩尼教徒的态度：当汉人与回鹘人友善时，那就必然会宽待其宗教，当回鹘人与汉人为敌时，汉人就转而排斥回鹘人的宗教信徒。

摩尼教在中国的传教主要依靠回鹘的势力。回鹘可汗在公元762年11月帮助唐朝击败了叛将史朝义，占领了洛阳，直到763年3月才离开洛阳返回西域。在洛阳时，回鹘可汗受到外籍摩尼法师的教化而改奉摩尼教，不再信佛，回国时还带走了四名摩尼僧人。摩尼教得到回鹘可汗的支持后，回鹘人开始普遍信奉该教——有时也被称为明教。由于唐和回鹘的特殊关系，移居长安的回鹘人极多，于是在公元768年6月，唐朝正式允许信奉摩尼教的回鹘人建寺传教，统称大云光明寺。三年后，又应回鹘要求，在荆州、扬州、洪州、越州（今绍兴市）等地建立大云光明寺，信徒都着白衣白冠。公元796年回鹘又派摩尼教士八人到长安。到了公元807年正月，又是因为回鹘使者的建议，在洛阳、太原置摩尼寺三所。于是除长安洛阳之外，中国南北方都有摩尼寺，吐鲁番盆地也成了摩尼教的传播中心。

回鹘对摩尼教僧侣亲信如同骨肉，奉之为宰相都督。公元806年有摩尼僧随从回鹘使者入京，此后回鹘使者每次来都有摩尼僧陪同，摩尼僧成为回鹘的国策顾问。因为回鹘常和摩尼师议政，长安便要置寺接待，长安的摩尼师也越来越多，他们大多是些见闻广博、学有专长的粟特人或波斯人。大摩尼是几年回到回鹘一次，小摩尼则每年由长安转往江南。由于信教者多素食，又称“食菜事魔教”。

摩尼教仰仗回鹘支持得以在中国内地流传。公元840年，黠戛斯攻破回鹘，唐朝嫁给回鹘可汗的太和公主久留不归，唐与回鹘的关系迅速恶化。公元842年，唐朝决定封闭荆、洪、扬、越诸州摩尼寺。公元843年3月，唐太和公主回到长安，唐朝便将长安、洛阳、太原三处摩尼寺庄宅钱物全部点检没收，京城女摩尼七十二人被处死，幸存者被发配到各地，只有太原的摩尼寺在公元十世纪时在旧地得以重建。不过摩尼教的传教活动却并未因此告终，唐会昌年间（公元841年—公元846年）由于朝廷降旨灭佛，摩尼教在北方也无法立足，有呼禄法师到福州、泉州传教，最后客死泉州。以后摩尼教在福建继续传教，宋代时虽被禁止，但在民间仍得秘密流传。在西北地区，由于回鹘的西迁，摩尼教在河西走廊和新疆各地又兴盛了一段时间。

伊斯兰教

伊斯兰教的创立者穆罕默德早就指示他的信徒，“要寻求学问，即使它远在中国”也应力求实现。穆罕默德关于中国的知识，大约是从那些活跃在红海的景教徒和操纵阿拉伯半岛贸易的波斯祆教徒中得来的。伊斯兰教创立后不久，便开始对中国进行传教。

传说隋炀帝时就有伊斯兰教徒从海上来到广州。公元616年，有101个穆斯林因在麦加传教受到科来希人迫害，由扎法尔率领逃到阿比西尼亚避难，扎法尔和另一个难民萨亚德勒便从那里乘商船到达福建泉州，开始在当地传教。

据明代何乔远所著《闽书·方域志》记载，泉州东南灵山有默德那（麦地那）国二人的墓葬，“默德那国有吗喊叭德（穆罕默德）圣人……门徒有大贤四人，唐武德（公元618年—公元626年）中来朝，遂传教中国。一贤传教广州，二贤传教扬州，三贤、四贤传教泉州。卒葬此山。”这里所说的唐武德年间伊斯兰教已在中国东南沿海传教大致是可信的，至少在宋元时代已有此说。泉州灵山现在还有沙谒储和我高仕二人的“圣墓”，并有记述穆罕默德门徒四人来华传教的石碑。1965年在泉州发现了唐永徽元年（公元650年）的阿拉伯文墓碑，上书“侯赛因·本·穆罕默德·萨拉达之墓，真主降福于他。亡于回历二十九年三月”。墓主萨拉达是一位泉州早期的穆斯林。1852年出版的蓝煦所撰《天方正学》卷七有《旺各师大人墓志》，称旺各师是穆罕默德母舅，来华护送《古兰经》并传教，公元632年到了长安，受到唐太宗的重视，在长安建立大清真寺，后来太宗还准许他在江宁、广州建清真寺分驻。这位旺各师就是一位到广州传教的穆斯林，叫萨阿德·旺各斯·依本·汉萨（Sad wakkas ibn Hamsa）

摩尼教徒、祆教徒、景教徒和伊斯兰教徒，所有这些“异教徒”都是步商人和使节的足迹到达长安的。他们沿着军事征服和通商贸易大道来来往往，形成了一种潮流，但他们在中国播下的种子并未能茁壮成长。在唐代广纳天下真知的氛围中，一种外国教理传入中国并不难，困难的是要在这里根深叶茂地生长。事实上，自从佛教传入中国之后，再也没有其他宗教得以在中国深深地扎根，从而产生一种更好的融合效果。

从十字军东征到马可·波罗时代

十字军东征与蒙古人贯通欧亚

中世纪的欧洲大陆贫穷落后，贸易非常有限，当时只有斯拉夫商人把货物运到基辅，再由俄罗斯人驾着小船沿第聂伯河进人黑海，到君士坦丁堡和特拉布松交易。他们以俄罗斯的生皮、蜂蜜、蜡、奴隶来交换拜占廷的丝绸和华贵服装、麻布、皮革、黄金饰品、酒和香料。这种以货易货的贸易显然是不对等的，拜占廷的货物精美而昂贵，而俄罗斯和斯拉夫商人的货物却要原始而廉价得多。东方人的富庶使欧洲的领主和骑士垂涎三尺，望尘莫及。

贸易的发展刺激了西欧领主和骑士的胃口，他们迫切地想要扩大自己的领地，掠夺东方的财富。在教会的煽动下，领主和骑士们打着从异教徒手中夺回圣城耶路撒冷的旗号，纠合起一支由农民、流民、罪犯和幻想发财的冒险之徒组成的十字军，自1096年至1270年进行了8次侵略性的军事远征。前3次他们的目标还是指向阿拉伯人。但是1202年的第4次东征，在教皇英诺森三世的策划下，进攻的目标却是信奉基督教的拜占廷帝国。1204年4月，十字军攻陷君士坦丁堡，对这个有着悠久历史和高度文明的古城进行了疯狂抢劫，造成了欧洲历史上最黑暗的一页。

在阿拉伯人的抵抗下，十字军几次东征均以失败告终，虽然未

成吉思汗画像

劫获大量的财富，却给欧洲带来了意外的礼物。1096年第一次十字军东征后，欧洲人在地中海东岸占领了安条克（安都）、贝鲁特等一批商业城市。来自东方的货船在这里被欧洲人截住，可以不经过阿拉伯人转手而直接与欧洲贸易了。货物包括来自中国的丝绸、棉织品和陶瓷，锡兰的珍珠，印度的香料和宝石，南洋群岛的调味品等。这些贸易商品体积小而价值高，运到意大利的威尼斯和热那亚，可以获得极高的利润。恰在此时，地中海沿岸出现了一批商业城市，欧洲开始再次走向繁荣。

1164年，在第二次十字军东征中，西西里国王罗哲尔二世在进攻拜占廷的过程中，沿路攻占了底比斯、科林斯、亚丁等地。他俘掳了这些地方的养蚕和丝绸织造工匠，强行把他们押送回西西里，安置在巴勒莫。很快在当地出现了一批作坊，生产五彩缤纷饰有各种漂亮花纹图案的高级丝绸。意大利人终于有了自己生产的丝绸，再也不必像恺撒时代那样，耗尽国库里的黄金到东方购买这种昂贵的物品了。

正当阿拉伯处于全盛期、欧洲起步发展的时候，一场来自东方的前所未有的打击降临到它们的头上。在遥远的蒙古高原，成吉思汗率领强大的骑兵，于公元1219年开始西征。1220年，蒙古军攻占了中亚商业城市撒马尔罕和布哈拉，然后向阿姆河、锡尔河流域的强国花剌子模进军，经过激烈的战斗，攻破其首都玉龙杰赤（今土库曼斯坦的乌尔根奇）。随后，蒙古军在拖雷（成吉思汗的幼子）带领下南征，呼罗珊，哥疾宁、马鲁、巴里黑等一大批城市相继陷落。

十三世纪的蒙古人

1222年，蒙古军越过太和岭（今高加索山），北征钦察。俄罗斯各公国联军在阿里吉河（今乌克兰日丹诺夫北卡里奇克河）与蒙古军决战，最后以惨败告终。1237年，蒙古军队再次西征，连下莫斯科、罗斯托夫、弗拉基米尔等城，征服了钦察和俄罗斯的辽阔土地。

1241年，蒙古军西征马扎儿（匈牙利），亚洲黄种人的骑兵第一次踏上了东欧的土地。蒙古军一路越过维斯读杜拉河，进攻克拉科夫。很快又越过奥得河，进攻日耳曼人，大败日耳曼十字军和条顿骑士团。另一路在拔都统帅下，到达多瑙河畔，攻克佩斯城。马扎儿被征服，德国和马扎儿王公向教皇求救，教皇亦无可奈何。正当西欧王公惶惶不安地等待灾难临头时，蒙古大汗窝阔台不幸病死，拔都率军东归。西欧侥幸躲过了蒙古人的铁骑。

蒙古人最后的打击目标指向了阿拉伯。1257年，蒙哥汗的弟弟旭烈兀率大军越过波斯故地，进攻阿拉伯阿拔斯王朝（黑衣大食）。

1258年，蒙古军占领阿拉伯首都巴格达，杀死哈里发，屠城抢掠17天，毁灭了这座世界最繁华富庶的城市，立国500年的黑衣大食至此灭亡。

善于征战的蒙古人建立了一个历史上空前庞大的帝国，把欧亚大陆联为一体，这在世界史上是绝无仅有的一次。野蛮的征服使丝路上一座座繁华的城市变成了废墟，多少年后人们提到成吉思汗的名字，仍然心有余悸。欧洲人第一次清醒过来，实实在在地感到了东方的存在。过去由于拜占廷、阿拉伯的阻挡，欧洲对东方的认识一直处于神话传说的阶段，认为那是遥不可及的地方。蒙古军的西征，引起了欧洲人巨大的恐慌。为了摸清这些马上民族是从哪里来的，公元1245年教皇英诺森四世派遣一位意大利教士柏朗·嘉宾（Plan Carpin）出使蒙古，探听虚实。这位65岁的教士从里昂出发，经波兰到达基辅。在伏尔加河畔见到了拔都，拔都派人护送他到哈喇和林参加贵由汗的登基典礼，然后由原路返回。柏朗·嘉宾两年多长途跋涉的惟一收获，是向教皇汇报了有关蒙古人的军事情报。这毕竟不再是传说，而是亲眼所见的事实，也是东西方第一次正式的官方接触。

蒙古军的西征不仅使欧洲人真正认识到东方的存在，还带来了另一个结果：东西方的大道被打通了。阻挡在欧亚大陆之间的阿拉伯、花剌子模等国的层层关卡壁垒，随着这些国家的灭亡被一扫而光，欧洲商人可以畅通无阻地到东方去了。东方的吸引力是如此之大，使得一些富于冒险精神的商人愿意跨过千山万水，来东方看个清楚，著名的马可·波罗就是其中的一位。

马可·波罗的旅行

13世纪的意大利威尼斯，既是一座风光秀丽的水城，又是地中海边一个繁华的商业城市。这里有许多精明能干的商人，驾着帆船在地中海穿梭往返，中东、北非和欧洲各国都有他们的足迹。

在此之前，由于阿拉伯人的阻挡，欧洲的基督教徒从来没有进入

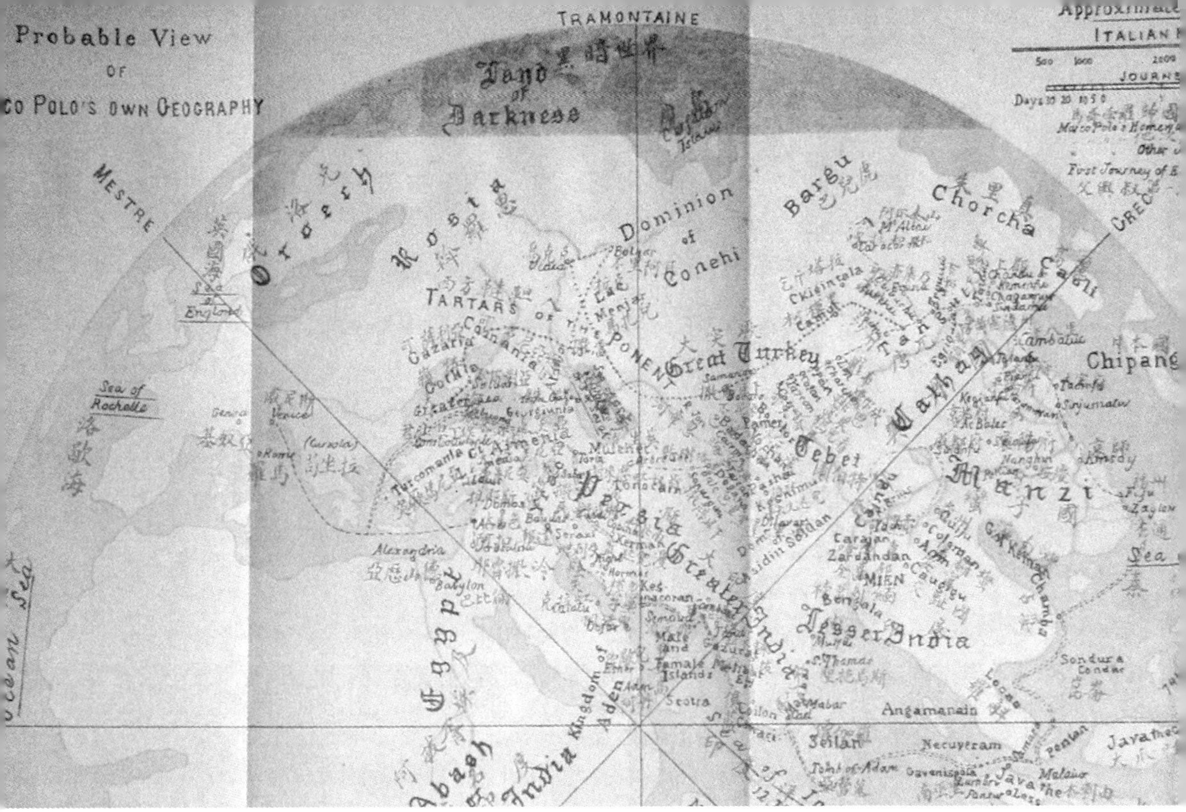

马可·波罗所作欧亚大陆图

过印度洋。历史上也没有欧洲人到印度和中国经商的记录。闭塞使欧洲人产生了错觉，以为耶路撒冷就是世界尽头，而非洲海岸则漫长得无法绕过。直到蒙古军西征的时候，才有一对威尼斯商人兄弟尼克罗·波罗和马飞奥·波罗，冲开穆斯林的壁垒，由陆路前往中国。

当时要想从欧洲到中国，只能向北绕行，在俄罗斯荒凉的大地上行进，与柏朗·嘉宾的走法一样。1260年，波罗兄弟从君士坦丁堡到黑海沿岸经商，到了钦察汗国首都萨莱。住了一年后，因当地发生战争，归途不安全，兄弟俩索性再向东走，到了布哈拉，又住了3年。他们在这里认识了一位旭烈兀派去朝见忽必烈汗的使臣，使臣邀请这两位意大利商人一起到中国去，波罗兄弟欣然同意。大约在1265年夏天，他们到达了元朝的上都开平府（在今内蒙古）。忽必烈大汗对波罗兄弟表示欢迎，在听他们介绍了欧洲的情况之后，决定派一个使臣出使罗马教廷。波罗兄弟也陪同随行。不久使臣中途染病，就把忽必烈的国书交给波罗兄弟，请他们带回罗马。波罗兄弟于1269年回到阿克拉，完成了使命，也完成了第一次横贯欧亚大陆的旅行。

1271年11月，波罗兄弟带着教皇给忽必烈汗的回信与17岁的马可·波罗——尼克罗·波罗的儿子，再次踏上了长途的旅程。他们乘船离开威尼斯，在地中海东岸的阿迦城登陆，然后沿着古代丝绸之路东行。他们有时骑马，有时骑骆驼，有时步行。先到了巴格达，此时的这座城市已经医治好蒙古人攻城时留下的创伤，恢复了往日的繁华。他们又经过波斯湾的海港忽里模子（今伊朗的阿巴斯），转而向北横贯波斯全境，到达巴里黑。他们没有去撒马尔罕，而是一直向东，经过瓦罕走廊，翻越帕米尔——马可·波罗称之为世界最高的地方，整整攀登了12天，进入喀什噶尔。

他们沿着塔里木盆地的南道继续东行。一路经过叶尔羌、和田、且末、罗布（今若羌），在罗布泊荒漠中走了整整一个月，才到达沙州（敦煌）。随着时代的变迁，整个新疆境内已变成回教徒的居住地。直到沙州，马可·波罗才看到了佛教的寺庙，但唐代的繁华景象早已了无踪影。他们又经过玉门、张掖、武威，没有沿着丝绸之路的传统走法到长安城，而是准备了40天的粮食和水，穿越沙漠，经过河套地区，来到水草丰美、鸟兽成群的察汗淖尔行宫。又向东北走了3天，才到了元朝的上都。

马可·波罗望着忽必烈大汗的宫殿，心情十分激动。他在游记中回忆说，宫殿是用大理石和各种美丽的石料建成的。设计精巧，建筑优美，豪华壮丽，令人叹为观止。这座宫殿的全部殿堂和宫室都是鎏金的，装饰得金碧辉煌。然而他很快就听元朝官员说，大汗只有夏季避暑才在这里。此刻要见大汗，要到新建的元大都（今北京）去。

马可·波罗到达大都的时间，大约是1275年的夏天。他们受到了忽必烈大汗的接见。忽必烈很喜欢这位来自欧洲的青年，并让他在宫廷里任职。没想到的是，他这一住就是17年，其间还被忽必烈任命为扬州总督，前后3年。

马可·波罗详细地描述了宏伟壮丽的元大都：皇宫的大殿宏伟壮丽，气势轩昂。宫中林立着许多不相连续的建筑物，设计合理，布局相宜，非常美丽，建筑术的巧夺天工可以说达到了登峰造极的地步。新都的整体是正方形，范围38公里，每边约为10公里。周围环绕着土建的城墙。全城的设计都用直线规划，一个人若登城站到城门上，朝正前方远望，便可以看到对面城墙的城门。全城有12个城门，各城门外都有一个城郊，范围广大，长度延伸六七公里之远。近郊建有许多旅馆和招待骆驼商队的大客栈，近郊的人口，比城区人口更多。商人和来京城办事的人都在郊区住宿。凡世界上最为稀奇珍贵的东西，都能在这座城市找到。特别是印度的商品，如宝石、珍珠、药材和香料等。用马车载运生丝到京城的，每日不下1000辆次。丝织物和各种丝线，都在这里大量生产。

凭着年青充沛的精力和商人的好奇心，马可·波罗还到中国各地广泛游历。他曾去西南地区长途旅行，到过西安、成都，又进入云南，到了大理、永昌，一直到缅甸，才从原路返回大都。尔后，他又游历东南沿海各省，到过大运河沿途的商业城市济宁、淮安、扬州、杭州，最后还到了当时最大的国际贸易港泉州。

马可·波罗在中国见到了许多西方没有的新鲜事物。在北方他看到人们用黑色石块做燃料，称它挖自矿山，一经点燃，效力和木炭一样，而它的火焰却比木炭更大更旺，甚至可以从夜晚燃烧到天明仍不会熄灭。这种石块，除非先将小块点燃，否则平时并不着火。若一旦着火，就会发出巨大的热量。这种黑色石块就是煤炭，中国人早已知道了它的用途，元代时已经普遍使用。而马可·波罗是第一个把煤介绍给欧洲的西方人。当欧洲人懂得用煤之后，导致了工业革命，煤释放和转化的能量远远超过了它本身的价值。

在大都，马可·波罗发现人们用纸币交易。这种纸币由大汗的造币厂统一印制，盖上官府印章，具有和金银同等的价值。中国从

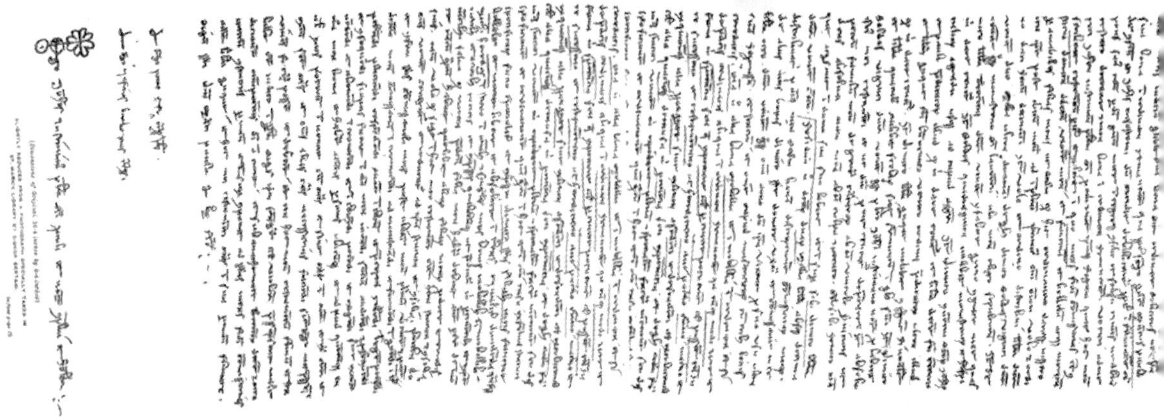

马可·波罗的的遗书

唐朝起，就已开始使用汇票，称之为“飞钱”。商人们长途贸易，再也不用背着沉甸甸的钱袋了。北宋时就已经普遍使用了纸币——交子，而欧洲人还处于早期的金银货币交易时代。纸币开始在欧洲乃至世界流通后，贸易的水平和效率大大提高了，这也是马可·波罗的功劳之一。

马可·波罗与他的父亲和叔叔受到忽必烈的重用，并积累了一大笔财富。但他们毕竟是意大利人，长年客居中国，难免会思念家乡。1292年，终于有了一个机会。统治中亚的伊利可汗阿鲁浑的王后去世，可汗派遣使者来中国，请求忽必烈汗选送一位新的王妃。忽必烈将阔阔真公主赐给阿鲁浑可汗，由于马可·波罗一家有航海经验，便请忽必烈派他们护送阔阔真公主。忽必烈答应了这一请求，同时还让马可·波罗回欧洲时转交他致

《石墨镌华》中的元代巴巴蒙文和汉文碑文。

罗马教皇和英、法国王的信函。1292年夏天，他们带着一个600余人的护送团，分乘14艘大船从泉州港起航，驶过万里南海和印度洋，途经苏门答腊、爪哇、印度，用了两年又两个月，到达伊利汗国的首都忽里模子。完成使命后，马可·波罗一家三口继续西行，他们取道两河流域，经特拉布松、君士坦丁堡，进入爱琴海，再沿着他们熟悉的地中海航道回国。1295年冬天，他们终于回到阔别25年的故乡威尼斯。

要不是由于一个意外的事件，马可·波罗的经历也许会随着他生命的结束而被人们遗忘。1298年，威尼斯遭到另一个商业城邦热那亚的进攻，马可·波罗参与了对热那亚的战争。很不走运，威尼斯人战败了。马可·波罗被俘，开始了铁窗生涯。在热那亚的监狱里，为了打发那漫长而痛苦的时间，马可·波罗把自己在东方和中国的见闻，讲给一位同屋的难友——比萨作家鲁思梯谦（Rusticiano）。作家把他的口述用法文记录下来，手稿后来被保存在巴黎，这就是著名的《马可·波罗游记》。

但是这本书在当时并未引起人们的注意。欧洲还没有从中世纪的蒙昧状态解放出来，封闭的现实使人们难以相信中国会像马可·波罗描述的那么富庶和美好。意大利人把马可·波罗当作一个信口开河的大骗子，把他的游记当作《天方夜谭》一类的神话。马可·波罗就在这种误解中默默死去，以后也没有一个人像他那样，进行过一次从陆路到海上的横贯欧亚大陆的伟大旅行。200多年以后，哥伦布读了马可·波罗的游记，开始坚定不移地在海上寻找中国和印度。他的航行揭开了地理大发现的序幕，此时人们才真正认识到马可·波罗的意义。

里昂——西方的丝绸之都

在十五十六世纪，西方先后爆发了宗教改革和文艺复兴运动，一些重大“发明”（确切地说应该是欧洲人的“发现”，如罗盘、航海仪器、印刷术）也相继问世，它标志着欧洲中世纪的结束和近代社会的开始。新大陆的发现使伊比利亚半岛大发横财，葡萄牙人后来盘踞在印度尼西亚，并且一直将其势力范围扩张到中国的南部疆域。后来葡萄牙人被英国人和荷兰人驱逐，贸易的中心转移到了大西洋沿岸。与此同时，穆斯林教徒在印度洋的优势则被欧洲人所取代。但西方已不再有像罗马帝国和哈里发帝国那样强大而统一的国家了，而是形成了许多互相竞争的列强，它们势均力敌，不惜一切代价互相争夺制海权。这些列强们各自都有自己的兴盛和衰败的时代，既出现过葡萄牙人的黄金时代，也出现过荷兰人的全盛时期。

无论是地理学家还是历史学家，他们都以自己的本国语撰文，文献所带来的困难，也使我们越来越不容易理清欧洲各国丝绸贸易的发展过程。其中有关欧洲的丝绸贸易和生产，就不得不提到法国里昂的丝绸工业。

从14世纪起，法国政府就注意到了购买丝绸使国内大量黄金外流的事实。意大利人在法国，尤其是在里昂和香巴尼城的大型市场里销售丝绸，这些商人中的绝大部分都来自热那亚、佛罗伦萨和卢克，他们因从事锦缎和呢绒贸易而成为财力雄厚的富翁。里昂当时

法国里昂丝绸博物馆所藏丝样印版

以丝绸图案为标志的《里昂中法大学季刊》在其第一期发刊词中写道："与勋章交相辉映的丝线紧密的系锁着里昂商会与中国"，在"丝路史"上极具象征意义。

是一个规模巨大的国际市场，在1450年，里昂被获准垄断整个法国的丝绸贸易，以至于许多意大利人都梦想到里昂定居。1466年，路易十一再也不想看着意人利商人在罗纳河畔一夜之间就变成富翁，为了阻止外国丝绸的进口而使每年四五千万埃居的财富流向国外，路易十一诏令在里昂建立生产丝绸的工厂，即皇家的手工业作坊。这些作坊用赚来的利润充实了国库。后来里昂的工厂又被迁移到了图尔。当时在巴黎已经建立了一个不大的丝绸工人行会，图尔和巴黎加工的是从远方进口的原料，最近的地方就是普罗旺斯。因为原料稀少而昂贵，因此意大利的锦缎和呢绒继续涌进法国市场。

法兰西斯一世为了迫使意大利丝绸商彻底破产，同时也为了促进法国的工业发展，便于1517年通令禁止进口金银丝织物。侨居在里昂的意大利商人面临着一贫如洗的威胁，他们试图就地生产法国贵族和城市自由民所急需的大量的丝织物。

最终，在法国里昂创建丝绸工业的是两位意大利人，E · 杜尔克（Etienne Turquet）和B · 纳利兹（Barthélemy Naris），这两位意大利丝绸商从法兰西斯一世那里获取了实现他们计划的诏令。当时法国十分缺乏熟练的丝绸工人，而这类工人在意大利却大有人在。这两个商人被允许从热那亚招聘丝绸工人携家眷到里昂来做工定居。一旦在里昂落脚之后，他们又享受免征一切税赋的特权，其条件是要终生在里昂谋生。1537年，里昂市政府从国王那里申请到了丝绸生产特权，杜尔克和纳利兹建立了里昂丝绸工厂商业联合会。这虽然是一个私营托拉斯，但它始终与市政府密切合作，并于1554年首次订立了行会业务条例。

当时正值纺织工业日新月异的时代，里昂的丝绸业不仅很快满足了全国的需求，还开始挤进了欧洲的市场竞争。尽管有不少意大利移民，工人的数量却始终不足，为了满足呢绒和其他精细织物作坊对高度专业化工人的需求，还必须培养本地的法国工人。因此，一些孤儿院的儿童就被送到了里昂充当学徒工。根据西方典型的分工法，丝绸制造的工种很早就分成了男工、女工和童工几大类。法国丝绸作坊的具体分工大致如下：女工缫丝、纺线和绕线，男工织布，儿童承担辅助劳动。有许多家庭全家都在纺织厂做工，而且还是代代相承，当然这也有利于工人们的技艺代代相传。大量工人的涌入带来了住宅方面的危机，除了修建多层住宅外，里昂开始向郊区扩展。里昂的纺织厂在原材料上一直不能自给，必须依靠进口生丝，直到19世纪，还是意大利出口生丝的主要主顾。

欧洲的丝绸工业一直受两方面因素影响。一是时尚变化无常，而且变化越来越快；另外就是纺织业与蚕茧生产的长期矛盾，蚕茧生产始终落后于纺织业的需求。从里昂的丝绸业中就完全可以洞察到这两种倾向。欧洲形成了世界上最大的列强集团，各国相继发生了技术革命，丝绸工业也从技术革命中大大受益。1605年发明了大型纺织机，它既可以加快生产效率，还可以织出饰有大幅图案的精美丝绸。1801年发明的提花织机，使织布的工人可以减少一半。1860年，品红染料的出现彻底改变了印染艺术，纺线以下各道工序逐年都在改进质量和降低成本。与此相反，在蚕茧的养殖生产中，从采摘桑叶到用开水烫蚕茧都还停留在手工操作的水平，甚至还局限在家庭生产的范围内。这些工作主要是在农场里进行的，为了在孵化时保温，勤劳的女工们都把蚕卵暖在她们的紧身衣中。许多蚕虫在作茧之前就死掉了。无论如何，生丝产量无法满足纺织工业的需要，当时里昂的丝绸纺织厂也没有解决这一问题。

生活方式的变幻无常对欧洲丝绸工业也有重大影响。在十五十六世纪，人们都追求单色的呢绒料，而到了17世纪，则掀起了抢购“草原式图案”的缎纹织物、“印度之花”织物、“土耳其式”的塔夫绸和“米兰式图案”织物的风潮。到了18世纪，丝绸工业又受到了追求大幅图案的时髦风潮的刺激，同时人们也喜欢穿戴有果品、树木、贝壳和飞禽羽毛等图案的服装——这是卢梭所歌颂过的田园诗的时代。这个时候，欧洲开始出现中国式的图案，如佛塔、竹桥、人像等等。令人吃惊的是，这些图案经过欧洲人的改造，显得矫揉造作，很不高明。18世纪，里昂丝织物的图案设计师不知道中国宋代那些精妙细腻的图案、唐代那些刚劲有力的图案和汉代那些造型严密的图案，而仅仅知道不厌其烦地模仿清代古板颓废的艺术，这不能不说是一件十分遗憾的事情。

这也是东印度公司买卖兴隆的时代，英国继荷兰之后崛起。无论“中国热”反映在丝绸上的这种中国图案多么煞风景，但它仍见证了欧洲与东方之间的频繁交流。中国的瓷器和茶叶装满仓后驶出中国内河，首先驶往广州或福建的一些港口，然后又转装入可以高速航行的机船。当这些机船横穿大西洋，绕过好望角到达诺曼底海岸之后，中国瓷器就被用来装饰伦敦、阿姆斯特丹和巴黎的客厅。当时，海路航行的距离比先前任何时候都远得多，往返一趟的时间往往至少在一年以上；但它们既能装运更多的货物，又可以准备长途航行所必需的饮水和食物，沿途航行也比较安全。海员们的装备也比过去强多了，所使用的航海图既详细又准确，所经各海洋的情况也能较好地把握。继丝绸之后，中国的茶叶开始成为世界范围内的一大畅销货，然而西方对于中国茶叶生产的秘密则一无所知。

就在中国式的图案精巧地装点起欧洲人的生活时，文化领域中又出现了一件大事——在震撼中外的“礼仪之争”的热潮中，中国的儒家观念渗透进入了信仰天主教的法兰西。许多耶稣会士都被当作学者和数学家受聘赴华。这些耶稣会士在中国明清宫廷受到了格外的青睐，有助于他们在中国积极开展传教事业。但他们在向中国人传教时遇到了同一种障碍：汉人不肯放弃有关孝道的儒家礼仪。为了逾越这一障碍，耶稣会士们试图说明儒家礼仪并非真正的宗教信仰，不会引起神学概念，也不存在偶像崇拜，而仅仅是一些毫无宗教意义的举止，因此儒家礼仪可以与基督教教义相调和。而罗马教廷却对此大发雷霆。这场中西礼仪之争吸引了许多思想家，人们提出了许多有关儒教本质的问题，并指出了其中与希腊—罗马礼仪的某些相似之处。西方比任何时候都更为关心中国了，但却是用天主教的眼光来看待中国的。

稍后不久，法国重农主义学派领袖魁奈（Quesnay，1694—1774）和法国哲学家伏尔泰（Voltaire，1694—1778）都公开赞赏中国的政治制度。而中国方面由此也获得了更加可靠的世界地理学知识，尽管它也把某些欧洲国家混淆了。耶稣会士们在中国播下了天主教的种子，但并未产生多大的影响。

自从耶稣会士离华之后，中国的瓷器和扇子等也传入了欧洲。不过，总体来说中国和欧洲在长达一个多世纪的时间里还是隔阂重重，互相之间相当陌生。由于鸦片贸易引发起战争，英国炮舰于1840年开进中国水域的时候，东西方都在惊讶地打量着对方。

丝绸工业在法国也出现过危机。从波斯或印度进口的花色棉布充斥市场，沉重地打击了里昂的纺织工业。从1800年开始，丝绸工业具有了一种新特点，社会各阶层都普遍使用丝绸，但对华丽丝绸的需求却大大降低。因此，必须少生产奢侈华丽的高档丝绸，而多生产价格合理的大众化丝绸。法国的丝绸工业也因此进行了第一次转产，更加注意时尚的变化以改变产品。从十九世纪开始，由于丝绸商过分关注成本，导致他们寻求价格低廉的生丝，尽量不去远途采购。而汽船的发明改变了整个形势。一方面汽船航海大大减少了沿途的危险，缩短了航程的时间，另一方面是远东的原料价格比较低廉，这些原因又使西方的丝绸商人把目标转向了中国海岸，中西之间的丝绸贸易再一次繁荣起来。

文明的西传与东渐

中国造纸术、印刷术和火药等西传

造纸术、印刷术、火药、指南针是中国举世闻名的四大发明，也是中国古代文明的重要标志，对整个人类社会发展起到了重大的促进作用。在这四大发明中，指南针与航海有直接关系，主要是通过海路传入西方；而造纸术、印刷术、火药的西渐则通过丝绸之路，这种交流对亚洲与欧洲的经济、文化产生过重要影响。

造纸术是中国人在长期的生产实践中创造发明的。在中国发明造纸术以前，古代埃及的书写材料是纸草，古代西南亚各国用的是木板，古代希腊、罗马使用从埃及进口的纸草，欧洲中世纪时还在用羊皮书写。中国最早也曾用过竹简、木牍，后来又有丝帛。但木简十分笨重，丝帛虽轻便却价格昂贵。到了公元2世纪初（中国东汉时期）才有宦官蔡伦总结以前的造纸经验，利用树皮、麻头、破布、渔网等废物制成植物纤维纸。

随着丝绸之路的开辟，中国纸成了西运物资中的重要商品。斯坦因在甘肃西部古长城烽燧遗址中发现过用粟特文写信的纸，据断定它可能是属于2世纪中叶的产物。另外，他在古楼兰遗址也发现许多作为公文或私人信件的纸张，它们都是属于公元2世纪下半期的制造品。1949年以后，中国的考古工作者曾在新疆尼雅的东汉遗址中发现过最早的纸张，因为那时普遍还是用木简作书写材料。到了公元2世纪后，纸才流行开来，而后又西传到了中亚。

到了公元5世纪末期，中亚各地虽然都普遍用纸了，但中国的造纸术，却是到了公元8世纪中期才开始传入中亚地区的。过去有的西方学者把中国造纸术传入中亚定在公元704年，这是不正确的。现在已经公认公元751年是中国造纸术传入中亚的重要一年。据唐书记载，公元751年七月间，唐将高仙芝率领军队与阿拉伯人在怛罗斯（今江布尔）打了一仗，结果高仙芝战败，许多兵士被俘，其中有不少手工业者。当时被俘的杜环，曾在阿拉伯留居了一段时间，回到中国后，曾把他的见闻写成了《经行记》一书。据杜环的记载，当时被俘在阿拉伯的中国手工业者，有“金锁匠”、“画匠”、“织络者”等。又据阿拉伯史家记载，当时被俘的还有许多造纸工人。公元793年，在波斯地方出现了造纸工场。公元793年—公元794年间，造纸工场在巴格达也建立起来，以后又传到埃及、摩洛哥等地。直到12世纪前半期，西班牙才开始造纸，但这项技术仍掌握在阿拉伯人手里。到了公元1189年，法国出现了造纸作坊，这也是基督教国家建立纸坊最早的记载；以后造纸术又传到了意大利、德国、英国。直到18世纪末年，欧洲各国在造纸时的浸料与撩取还完全采用手工，和中国的老法子并没有两样。

印刷术是中国人的又一项伟大发明。有的学者认为，公元六世纪时中国已出现了雕版印刷，但无实物为证。斯坦因在新疆的考古发掘中发现了残破纸片，上有“延昌卅四年甲寅”字样，延昌为高昌年号，卅四年正是公元594年，英国学者认为此字样为雕版印成，有的中国学者却认为是手书遗迹，并非印本。但最迟到公元七世纪，中国已出现雕版印刷术了，这是中外学者们的一致观点。到了公元824年，元稹为白居易《长庆集》作序中有：“至于缮写模勒，炫卖于市井，或持之以交酒茗者，处处皆是。”所谓“模勒”便是模刻，当时白居易的诗歌已被翻印，足见此时雕版印刷已相当流行。到了公元11世纪中叶，中国印刷术出现了新的飞跃，这就是毕昇发明的活字版印刷。这是排版印刷的开始，以后又有人在此基础上加以改进，将毕昇发明的胶泥活字改为用木及锡、铜等物制成活字，使活字印刷更加完善。

中国印刷术发明后，通过丝绸之路逐渐传向了西方。在敦煌、吐鲁番以及新疆其他地区，发现不少印有小佛像和下面写文字的卷子，说明雕版印刷首先传到了西北地区，以后又西传到了阿拉伯等地。如1880年在埃及发掘出了大批文件，其中有五十张左右的印刷品，均为阿拉伯文。据学者考证，这些印刷物的年代，大概起自公元900年至1350年，印刷品的形式和印刷方法都和中国的印刷品相似，因而断定它们是来自中国的。

公元13世纪，正值中国元代，不少欧洲旅行者沿丝绸之路来到中国，亲眼看见中国人用雕版和活字印刷图书、纸币和纸牌，于是他们把这种技术带回欧洲。14世纪时，欧洲开始使用雕版印刷。15世纪中期，欧洲又开始用活字排印书籍。公元1466年，意大利首先建立了印刷厂，此后印刷厂便在世界各国陆续出现。

火药也是古代中国人经过长期实践发明的。炼丹家们最初发现了炼丹药中的硝石和硫酸，后来又发现它们配以木炭等便可制成火药。中国人最迟到唐代时已经发明了火药，以后随着提炼纯硝技术的不断提高，火药开始用于军事。唐末，中国已出现被称为“飞火”的火炮、火箭。北宋末年，中国又发明了爆炸力强大的“霹雳炮”。

中国的火药，最初也是随着炼丹术西传进入阿拉伯的。大约在公元八九世纪，作为火药最重要原料之一的硝石传入阿拉伯，阿拉伯人称之为“中国雪”。阿拉伯人用它来炼丹、治病和制琉璃等。到了十二十三世纪，阿拉伯商人通过丝绸之路，从中国带回了制造火药和烟火的技术。到了13世纪以后，随着蒙古人的西进，更将火药带到了中亚和西亚地区。公元1220年，成吉思汗西侵布哈拉和撒马尔罕时，即以火炮、火箭攻城。据文献记载，当蒙哥汗派旭烈兀西征时，曾派遣信使前往中国，其目的是要弄来一千位能造地雷、火焰放射器和弓弩的中国人。从此，大批中国制造火器的专门人员到达了中亚，并带去了中国火器制造方法。阿拉伯人的兵书中还保存着“契丹火箭”这一名称。13世纪后期，欧洲人从阿拉伯人书籍中获得了火药的知识。到了14世纪前期，欧洲在对伊斯兰教国家的战争中学到了制造和使用火药、火器的方法。从此，欧洲也掌握了火药的秘密。值得指出的是，中国的造纸术和印刷术，既是作为一种先进技术传入了西方，同时也是中国优秀文化西传的证明。中国造纸术和印刷术对西方文化思想的传播起了十分重要的作用，对西方的社会变革起到了不可低估的巨大作用。

丝绸之路就像一条大动脉，东西方通过它展开了频繁的交流。随着丝绸之路的开辟，中国文化源源不断传入西方。中国的天文学自古就很发达，元代中国的天文学家曾被邀请到今阿塞拜疆的马拉加天文台工作。公元八九世纪，中国医学也随着炼丹术而传入阿拉伯地区。阿拉伯著名的医学家阿维森纳所著《医经》中，有一部分讲到诊脉，其诊脉方法和中国相同，又论诊脉有浮、沉、弱等说法，也同中国医书一样。中国的音乐，在唐朝初年即传入印度。玄奘赴印时，印度戒日王曾向玄奘问起“秦王破阵乐”，此乐为歌颂唐太宗的武功而作，一时盛行于亚洲地区。16世纪后半期到17世纪，欧洲人耶稣会士利玛窦（Matteo Ricci，1552—1610）、艾儒略（Giulio Alèni，1582—1649）、汤若望（Adam Schall Von Bell，1592—1666）等人来华，他们除了向东方介绍和翻译西洋的一些天文、几何、历算、地理等科学外，还把中国的“四书”等重要的古代典籍翻译成西方文字，介绍到欧洲，除此以外，他们还把《本草纲目》作为一部重要的药理学著作译介到了西方。

西风东渐

在中国文化传向西方的同时，亚洲其他国家的文化和欧洲文化也通过丝绸之路不断输入中国。在亚欧文化东传中，以杂技百戏、乐曲歌舞、宗教最为突出。它们在中国人民文化生活中产生了重要的影响。

西方的杂技很早就传入了中国。《史记》中就有专门记载，称汉代外国杂技大都在广场上表演，名目繁多，内容丰富，有角力、竞技、假面戏、化装歌舞、斗兽、魔术表演等。唐代从中亚各地传入中国的百戏、杂技更是花样翻新，如从西方传来的马戏，据《明皇杂录》记载，唐玄宗时曾饲养舞马百匹，专门请人训练，用于奏曲跳舞。此外，唐初由波斯传入中国的波罗球曾广泛流行。当时长安宫城内辟有球场，并在宫城北修建了专门观赏的球场亭。波罗球戏是一种骑在马上以杖击打的游戏，唐玄宗等几位皇帝都是打波罗球的能手，以至一些王公贵戚、宫娥彩女都喜爱玩这球戏。波罗球戏自唐传入，历经宋、元、明，直到明末才在中国失传。唐代时还盛行泼胡乞寒戏，即是以水相泼的游戏，并伴之以舞曲。这种游戏本流行于中亚一带，从北周时传入中国。唐时长安、洛阳普遍流行此戏，甚至皇帝与王公们都十分喜好。

早在张骞通西域时，外国乐曲便传入中国。如《晋书·乐志》记载："张博望入西域……惟得摩诃兜勒曲。"此摩诃兜勒曲很可能是起源于天竺，经过中亚传入中国。又据该书记载："李延年因胡曲更造新声二十八解，乘舆以为武乐。"这讲出了中国音乐因为外来音乐的影响而发展变化的事实。

中亚布哈拉的乐曲在北魏时传入中国，印度乐曲在前凉时传入中国。中亚撒马尔罕乐曲在武则天当政时传入中国。到了隋代置九部乐，唐代置十部乐，其中就包括安国乐、康国乐和天竺乐。唐代天宝十三年（公元754年），在吸收印度乐曲基础上创造出了著名的"霓裳羽衣曲"。

中国许多著名的音乐家都是出身中亚或中亚人的后裔，如北齐时有曹妙达、安马驹和安来弱等，唐代时有著名乐工白明达、石宝山，琵琶能手曹保、曹善才、曹纲。当时中亚的音乐深得中国人的喜爱，王建的《凉州行》诗中“城头山鸡鸣角角，洛阳家家学胡乐”的诗句，就反映了洛阳人民热情学习中亚音乐的情况。除了许多乐曲来自中亚、西亚外，还有一些来自波斯和印度的乐器，如箜篌、琵琶都是波斯的乐器，大约在西汉时传入中国。也有人认为琵琶出自古代印度。不过，这些乐器传入中国后，逐渐改进成了中国的传统乐器。

唐代的舞蹈分健舞和软舞，也就是武舞和文舞两派。所谓武舞是手执戚，衣短小；文舞手执羽，状如凤毛，衣长大。健舞中的胡旋舞、胡腾舞、柘枝舞都是由中亚传入的。

由丝路传入中国的乐曲歌舞，对中国西北少数民族的音乐、舞蹈有着广泛的影响。中国音乐舞蹈之所以绚丽多彩，光辉夺目，也是和善于吸收外来精华分不开的。

古丝路重现与敦煌遗书

1895年5月的一天，在广阔寂寥的塔克拉玛干大沙漠深处，一个面容憔悴的外国人缓慢地、顽强地爬行着。这位身临绝境的探险者就是著名的瑞典考古学家斯文·赫定（Sven Anders Hedin，1865—1952）。

19世纪末，西方科学界兴起了两大热潮：现代地理科学和考古学的建立。一批又一批地质地理学家和探险家去考察和征服世界上每一个尚未开发的角落——苏格兰传教士和探险家利文斯敦（David Livingstone，1813—1873）在非洲的考察活动激起了外部世界对非洲的浓厚兴趣 ；挪威极地探险家阿蒙森（Roald Amundsen，1872—1928）、英国海军军官和探险家斯科特（Robert Falcon Scott，1868—1912）对南极的考察，引起了世界轰动。特洛伊古城遗址和埃及图坦卡芒陵墓出土的大批珍贵文物，推动了一个新学科——考古学的诞生。斯文·赫定的青年时代，就是在这样的氛围中度过的。他21岁时，就曾只身穿越俄国在中亚细亚的疆土和波斯。随后他考入柏林大学，师从现代地理学创始人李希霍芬教授。李希霍芬的亚洲探险经历深深地触动了他，李希霍芬对丝绸之路的讲述更坚定了他到那陌生、荒凉而神秘的世界去探险的决心。

1895年2月，斯文·赫定冒着严寒和恶劣气候翻越帕米尔高原，来到喀什。根据当地的神秘传说，有许多古代的城市被埋葬在塔克拉玛干大沙漠深处，奇珍异宝遍地都是，魔鬼在守卫着珍宝，去寻宝的人只有极少数活着回来。斯文·赫定为这些传说着了迷。他从喀什到了叶尔羌河边的麦盖提（Merket），买了8头骆驼和一个月的给养，带着仆人和雇来的3个人，于1895年4月10日开始了横穿塔克拉玛干沙漠的探险。送行的村民都摇着头议论，预测他们可能永远回不来了。果然在15天后，他和随从陷入了断水的灾难……第一次探险以二人丧生、测绘仪器全部丢失的结果宣告失败。沙漠中的生死搏斗是他写下的《亚洲腹地旅行记》中最惊心动魄的一章，但这并没有动摇他继续探险的勇气。

1895年底，赫定带着随从再次从喀什出发，沿着古代丝绸之路的南道前往于阗。一路上他从村民手里购买了不少出土文物和古代文书手稿。遗憾的是，赫定的考古学知识非常有限，他的目标只是寻找沙漠中的古城。从和田向东又走了十来天，赫定找到了两个小小的城市废墟，其中发现了古代房屋、树木以及最令他惊喜的佛教壁画和雕塑。在一座古庙的墙上，他看到了许多女人的画像，她们的黑头发盘在头顶上，眉毛细长，前额上有个吉祥痣，属于典型的印度佛教艺术。他在南疆还进行了地理勘察，画了大量地图，随后又进入神秘的西藏考察。当他结束第二次探险返回瑞典时，受到了隆重的欢迎。

赫定最大的收获是1899年9月在塔克拉玛干沙漠的第三次探险。在瑞典国王奥斯卡和科学家诺贝尔赞助下，他带领探险队考察了叶尔羌河、若羌，又向沙漠最东头的罗布泊走去。1900年3月底的一天，他们在一个古代遗址宿营，第二天又匆匆上路。不料仆人把惟一的一把铁锹丢在宿营地里，赫定命令他回去找。仆人返回时，带回了几件美丽的木雕。这些东西令赫定万分激动，他想立即返回去挖掘，但是水不够用，迫使他不敢再冒险。他没有意识到，这个偶然的发现将他的探险生涯带到了光辉的顶点。

第二年冬天，赫定返回罗布泊，在遗址进行了7天发掘。这次最大的收获，是发现了一批汉文的古文书和木简。回国后，他把文物交给一位汉学家鉴定，确认他发现了汉代丝绸之路上的西域古国——楼兰。楼兰，早在《史记》中就有记载，是汉代丝绸之路的交通枢纽。作为中国、波斯、印度乃至西方的贸易中转站，中原的丝绸、茶叶，西域的良马、珠宝及其他特产，都经过楼兰进行交易。汉朝为了与匈奴争夺西域控制权，在这里发生过多起战争。公元前77年，汉朝大将军霍光派人刺杀了亲匈奴的楼兰王，另立了一位亲汉的君主，将国都南迁，更名为鄯善。在两汉丝路畅通时这里相当的繁荣，公元6世纪初，北魏僧人宋云还经过这儿。后来不知什么原因，楼兰逐渐销声匿迹了。对于它的重新发现，这位瑞典探险家怎么能不兴奋？

当斯文·赫定正在楼兰遗址进行发掘的同时，在塔克拉玛干沙漠的另一端，另一位来自欧洲的冒险家和考古学家斯坦因，也开始了他在丝绸之路上的第一次冒险。

斯坦因是个生于匈牙利的犹太人，青年时在欧洲学习东方考古和语言，尔后到印度为英国人工作。他读了斯文·赫定的《亚洲腹地旅行记》后，深受感染和启发，急于到丝绸之路上去寻觅宝藏。他向当时在印度的英国殖民统治者申请护照和经费，得到了上层人士的支持。1900年5月，斯坦因与他的4位随从组成的探险队从克什

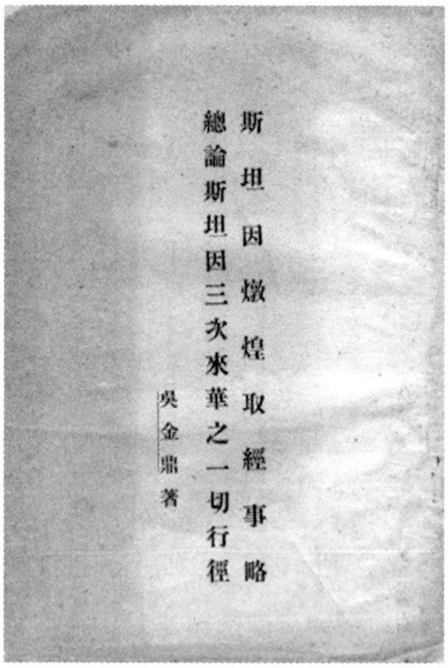

《斯坦因敦煌取经事略》，吴金鼎著。

米尔越过喀喇昆仑到达喀什，沿着塔克拉玛干南端向和田进发。第一次踏上大漠时，他写道：“有一个沙海一直延伸到遥远的南方，它那波浪似的沙丘看起来很像海洋。这些沙丘越来越高，爬起来也越来越困难。矮种马的蹄子深深地陷在松散的沙漠里，每上升三四十英尺，就令人汗流浃背，疲惫不堪。”除了偶尔经过的小绿洲，他和随从们绝大部分时间都是在荒无人烟的地带行走。

到达和田后，斯坦因便四处走访寻宝，他的目标是古代文书和艺术品。经当地人指点，他雇了30个人，向和田东北走了11天，来到塔克拉玛干沙漠深处的一处遗址——丹丹乌里克。在这里斯坦因找到了许多壁画、雕塑，以及突厥文和汉文的文书。其中有两份借据落款是唐德宗建中三年（公元782年），使斯坦因确定这里的文物大部分属于唐朝。此外，3块木板画的发现使他格外兴奋，其中一块画的是一位骑马武士，年轻的面孔具有中印混合特征，长长的黑发结成一个发髻，脚蹬一双毡底黑筒高靴，腰上挂着一把波斯式样的长刀。这幅画把当时中国、印度、波斯的影响巧妙地融为一体，反映了7世纪时丝路上的文化交流。

把在丹丹乌里克挖到的几百件文物装箱后，斯坦因又前往尼雅遗址（今新疆民丰县东北）。在尼雅，他找到了大量木简和文书，多数属于汉晋时代。还有一些用印度古文字书写的木简，上面带有陶土封印。他惊异地发现，木简上画的竟是希腊女神雅典娜和其他诸神的形象，笔法都是西方古典绘画风格。显然在西晋时，西方艺术就已经沿着丝绸之路流传到了西域。

1901年5月，斯坦因结束了第一次探险，带着12只满载珍贵文物的箱子回到了英国。斯坦因在新疆的考古发现轰动了欧洲，他顺利地获得了第二次探险的经费资助。1907年，斯坦因越过帕米尔到达喀什，开始他第二次探险。由于不懂汉文，他就在喀什聘了一位中国师爷蒋孝琬。

这一次斯坦因的目标是楼兰。他带了50个人，人数比赫定探险队多十倍，靠着赫定地图的指引，顺利到达了楼兰。在考古方面，斯坦因比赫定内行得多。他找到了大量汉代古文书和古印度木简，说明魏晋时代汉人退出西域后，曾有印度人在这里生活过。他还意外地找到了赫定1901年遗失的金属卷尺，后来在伦敦的一次宴会上，斯坦因把卷尺还给了赫定。

斯坦因离开了楼兰，又来到罗布泊中一个叫米兰的遗址。在一座废弃的破庙里，他惊异地发现许多精美的西方古典风格壁画。有一块护壁板上画着长翅膀的天使——安琪儿。另外一幅画上，签着提图斯的名字（Titus）——公元79年的罗马皇帝。看来在中国汉朝，有个罗马艺术家，或是学过罗马古典绘画的画家，来过罗布泊边缘的这个城市。斯坦因剥走了米兰这些极有价值的壁画，于1907年3月到了甘肃敦煌。当时的敦煌，早已失去了盛唐时代的繁荣景象，只不过是个荒凉偏僻的小县城。斯坦因本来计划在敦煌补充一下给养，再返回楼兰。在旅店的闲聊中，他听说莫高窟发现了大量古代文书，顿时产生了强烈的兴趣。这个决定导致了20世纪丝绸之路上最惊人的文物发现。

20世纪初，一个贫穷的道士王圆箓从外乡来到莫高窟居住，有一天，他敲墙时发现一个洞窟里边是空的，拆开墙一看，里面是一个小的密室，堆满了唐代的写经卷本和文书。半文盲的王道士根本不懂其中的价值，送了几卷给敦煌县令和甘肃道台。这些清朝官员虽知这是古物，却想不出什么保护办法，只叫王道士把墙堵封上了事。但是消息却流传开去，斯坦因便闻风而来。

斯坦因找到了王道士，谁料王道士闭口不提藏经洞，斯坦因只好装作一个来这里考察的旅行者，并向王道士表示：他是一位佛教艺术的爱好者，打算捐一笔钱帮助修复莫高窟，为了制订修复计划，希望参观一下全部洞窟。这样王道士很痛快地答应了，并充当了导游。面对一幅幅精美的壁画和雕塑，斯坦因的心情越来越激动。他还告诉王道士，他来自玄奘取经的国家，对玄奘极为敬仰。王道士立刻被他的一番话感动了，以为找到了知音，第二天下午他就拆开了藏经洞的墙

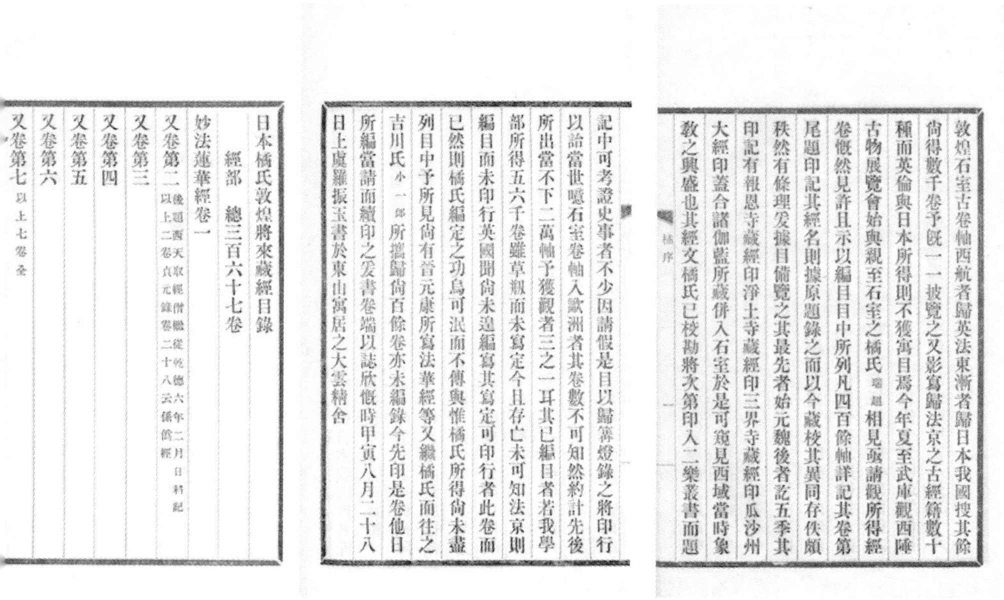
敦煌石室古卷軸西航者歸英法東漸者歸日本我國搜其餘
尚得數千卷予既一一披覽之又影寫歸法京之古經籍數十
種而英倫與日本所得則不獲寓目焉今年夏至武庫觀西陲
古物展覽會始與親至石室之橘氏瑞超相見亟請觀所得經
卷慨然見許且示以編目目中所列凡四百餘軸詳記其卷第
尾題印記其經名則據原題錄之而以今藏校其異同存佚頗
秩然有條理爰據目備覽之其最先者始元魏後者訖五季其
印記有報恩寺藏經印淨土寺藏經印三界寺藏經印瓜沙州
大經印蓋合諸伽藍所藏併入石室於是可窺見西域當時象
教之興盛也其經文橘氏已校勘將次第印入二樂叢書而題

橘序　一

記中可考證史事者不少因請假是目以歸寫燈錄之將印行
以詒當世曩石室卷軸入歐洲者其卷數不可知然約計先後
所出當不下二萬軸予獲觀者三之一耳其已編目者若我學
部所得五六千卷雖草剏而未寫定今且存亡未可知法京則
編目而未印行英國聞尚未遑編寫其寫定可印行者此卷而
已然則橘氏編定之功烏可泯而不傳與惟橘氏所得尚未盡
列目中予所見尚有晉元康所寫法華經等又繼橘氏而往之
吉川氏小一郎所攜歸尚百餘卷亦未編錄今先印是卷他日
所編當請而續印之爰書卷端以誌欣慨時甲寅八月二十八
日上虞羅振玉書於東山寓居之大雲精舍

日本橘氏敦煌將來藏經目錄
經部　總三百六十七卷
妙法蓮華經卷一
又卷第二 後題西天取經僧繼從乾德六年二月日科記 以上二卷貞元錄卷二十八云係僞經
又卷第三
又卷第四
又卷第五
又卷第六
又卷第七 以上七卷全

罗振玉的著作《雪堂丛刻》中所列“日本橘氏敦煌将来藏经目录”，1914年出版。

壁，让斯坦因借着油灯微弱的灯光钻进了狭小的窟室。

王道士每天从密室里抱出一堆文书，供斯坦因和蒋师爷挑选。文书是如此丰富多彩，不但有佛经手抄卷，还有变文、绘画、书信以及帐册、借契等各种珍贵资料，绝大部分是唐朝的。由于敦煌的气候干燥，文书仍然保存完好。据斯坦因估计，文书总数不少于50000件。除汉文文书外，还有梵文、康居文、吐蕃文、回鹘文等多种语言文字的手稿。斯坦因不懂汉文，蒋师爷在这方面的知识也很有限，以致他们有时很难确定文书中哪一件更珍贵。

读了大量文书之后，斯坦因对敦煌藏经洞的来历有了一定的认识。盛唐时代，莫高窟是丝绸之路上的佛教圣地，这里的寺院不仅藏经丰富，而且是西域、印度、吐蕃佛教学派的交流地。唐会昌年间朝廷降旨灭佛，毁掉了全国各地的佛寺。而当时的敦煌正处于吐蕃占领下，才得以保全。大约是在11世纪，由于战乱和天灾，莫高窟的僧人被迫出走，临行前把佛经文书都封存于一个秘密窟室里，此后一去不复返，藏经洞

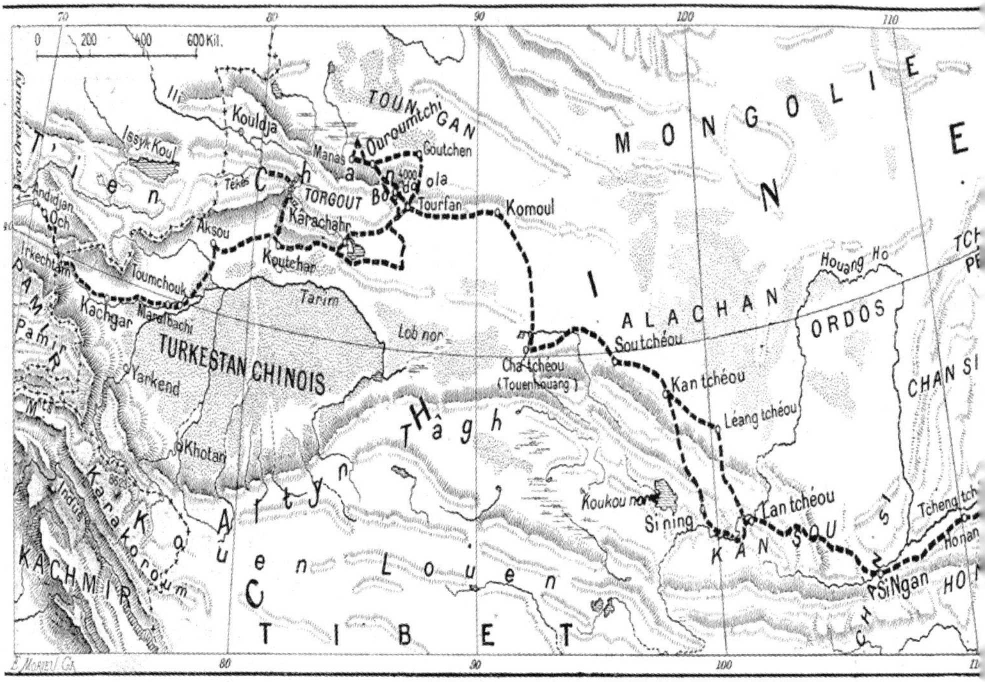

伯希和探险队“六千公里穿越土耳其斯坦与中国线路图”

也就成了无人知道的秘密，在西北荒漠整整沉睡了1000年。

斯坦因以500两白银从王道士的手中一下子带走了6000件文书，还有许多精美的丝绸经幡、刺绣等艺术品，他的骆驼队满载着29只大木箱出境，16个月后运抵伦敦。在斯坦因带走的珍贵文书中，有一件唐咸通九年（公元868年）用木版印刷的《金刚经》卷本，是目前发现的世界上最古老的印刷品，字迹清晰秀丽，卷头有一幅精美的众佛插图，体现了中国古代杰出的印刷水准。1914年，斯坦因第三次来中国进行考古活动，再次到敦煌莫高窟，从王道士手中拿走了500卷唐代写经。

伯希和探险队人成员

法国卢浮宫中的伯希和展室，其中大量藏品来自中国。

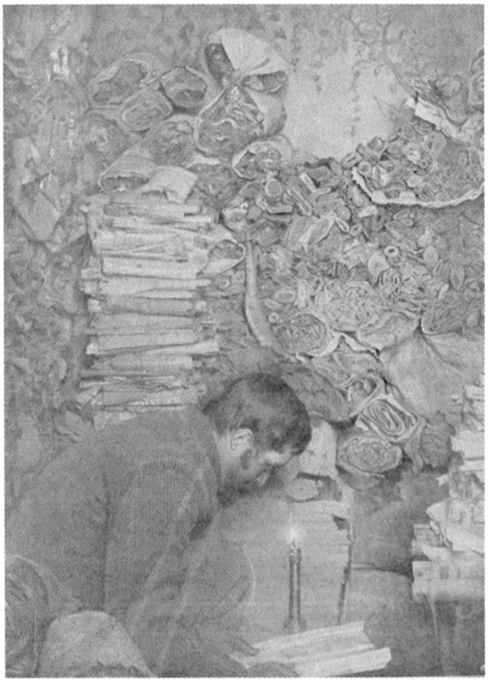

伯希和在敦煌洞中清点了一万五千卷手写经卷本

《巴黎图书馆敦煌写本书目》，敦煌遗书以法国所藏最为完备。

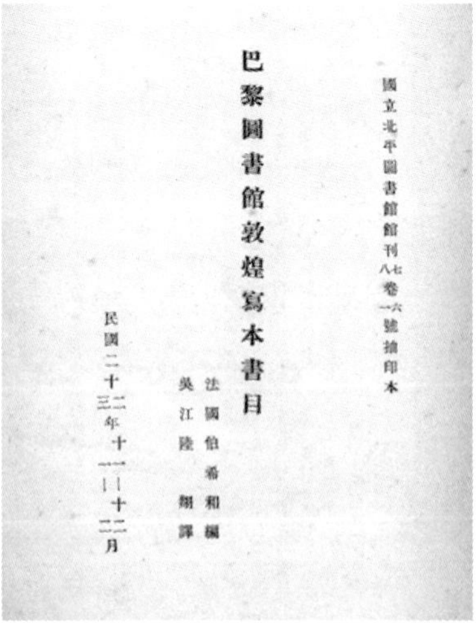

國立北平圖書館館刊七卷六號八卷一號抽印本

巴黎圖書館敦煌寫本書目

法國伯希和編

吳江陸翔譯

民國二十二年十二月二十三年一月

斯坦因回到英国，被当成凯旋的英雄，英王授予他骑士勋章，皇家地理学会授予他金质奖章，牛津和剑桥大学赠与他名誉博士学位，最令他激动的是被特许加入英国籍，从一个匈牙利犹太人变为了大英帝国的子民。斯坦因带到英国的大量艺术珍品和他描述探险的过程的著作，引起了欧洲考古界的极大兴趣，掀起了到中国西部冒险的更大的浪潮。

受到斯文·赫定、斯坦因等人中亚探险的成果的影响，正在欧洲考察的日本人大谷光瑞决定利用回程途中前往中亚探险，从而揭开了日本考察中国西北的序幕。1902年，大谷光瑞率领随行人员自伦敦出发，经撒马尔罕、浩罕，进入喀什噶尔。之后，这支探险队的成员前往和田、库车、吐鲁番等地考察，1904年经西安回国，完成了他们在中国的第一次探险。1908年，大谷光瑞派橘瑞超和野村荣三郎二人前往中国开始第二次探险，至1909年结束，主要发掘了吐鲁番、楼兰、库车等地，他们在吐鲁番与楼兰有重大发现，著名的《李柏文书》就是在这次考察中发现于楼兰的。1910年8月，橘瑞超从伦敦前往吐鲁番、楼兰、和田等地发掘，开始了他们第三次在中国西北的探险，而吉川小一郎由日本出发经上海、武汉、兰州，于1911年10月5日到达敦煌。他拍摄了洞窟，之后又在敦煌进行盗宝活动，先后得到了一些写经、文书并骗取了几尊彩塑。而此时，橘瑞超也正从新疆扮成维吾尔人向敦煌进发，于1912年1月26日到达敦煌，与在那里的吉川会合。在敦煌，他们分别从王道士及其他人那里买到了一些敦煌写本。此后二人一起经哈密到吐鲁番，橘瑞超前往乌鲁木齐，取道西伯利亚回国，而吉川决定在吐鲁番继续发掘直到1914年5月才由北京回国，从而结束了大谷光瑞探险队第三次在中国西北的考察活动。

1906年8月底的一天，当27岁的法国汉学家伯希和（Paul Pelliot）结束两个多月的长途旅行，从巴黎穿越欧亚大陆来到喀什时，他知道自己确实来晚了。当法国考古界决定派他前往中国新疆发掘丝路文物宝藏时，英国、瑞典、德国、俄国和日本人都已经来过或正在进行第二次探险了。

但是伯希和丝毫没有气馁，他是一位天才的语言学家，大约熟悉13种语言，仅这一点他就超过了斯坦因等人。1900年义和团运动时，他正在北京法国使馆，这段生活使他十分熟悉中国社会和官场。这些长处给他在中国的冒险带来了极大的方便。一到喀什，他就去拜访中国官员，请求照顾和帮助。当这些清朝官吏听到这位洋人说着一口流利的中国话，并一再引经据典，还能朗读客厅里悬挂的对联时，无不大吃一惊。伯希和轻松地与当地官员建立了友好关系，得到了比其他洋人更多的优待。

当斯坦因正在敦煌莫高窟谋取大量文书时，伯希和对此还一无所知。在乌鲁木齐，他遇见了一位清朝贵族。闲谈时，主人拿出一份写经卷本请他观赏，并告诉他在敦煌千佛洞有不少这种写经。伯希和一眼看出这是珍贵的唐代文书，他抑制不住心头的激动，立即动身赶往敦煌。

1908年2月，伯希和来到敦煌，见到了王道士。凭着他纯熟的汉语和渊博的汉学知识，很快与王道士拉上了关系。王道士打开藏经洞的木门，伯希和借着烛光看上一眼，便惊呆了。成捆的文书至少还有20000份，伯希和决定要把这些文书浏览一遍，哪怕是粗略的检查也好。他几乎每天以1000卷的速度进行着挑选，看完就把它们分成两堆：一堆是其中的精华，是不惜一切代价一定要得到的；另一堆也是需要的，但不是必不可少的，他还就地，甚至就在藏经洞中编制了第一份目录——《甘肃的一个中世纪藏经洞》，刊登在1908年的《法兰西远东学院学报》中。伯希和挑选了600多卷精品——在数量上要少于斯坦因携往伦敦的特藏，但在质量上却与之旗鼓相当，甚至还可能会超出它。他与王道士的交易以500两白银成交，之后，他将这些文书装箱经上海装船运往巴黎。在伯希和挑选文书的同时，他的两位助手拍了几百张壁画和雕塑的照片。

伯希和并没有保守秘密，在文书被运往法国后，他在北京公布了他的发现，并展示了随身携带的一些文书珍品和照片。罗振玉等一批有良知的中国学者极为震惊，纷纷向朝廷呼吁挽救国宝。藏经洞宝藏在它被发现后的第9年，当时的清政府终于完全接管了，下令封锁敦煌千佛洞。

而在官府清点之前，王道士早把一些比较好的写本转移收藏起来。斯坦因第二次从王道士手里买到了大量写本，还有在1911至1912年间被日本大谷光瑞探险队的吉川小一郎和橘瑞超贿购的数百卷写本，以及俄国人鄂登堡一次弄走的3000多件古写本，都是从他手上流散的。大谷光瑞探险队的成员不是学者，更没有经过考古学的训练，他们考察的范围过于广泛，他们所发掘的东西由于没有很好地记录，也不是科学发掘所得，加上很大程度上是以盗宝为目的进行的，对古迹古物造成了严重的破坏。他们不仅在新疆留下了盗掘古墓的丑行，而且在对待他们得到的敦煌写本时，既没有编目，也没有马上放入博物馆保存，以致后来流散各地，甚至不知所踪，着实令人愤慨。剩余的藏经洞文物几经辗转运抵北京时，卷数为8697，仅仅是出土时的五分之一，而且绝大部分是佛经，那些具有无限深广的社会历史意义和极其丰富的世俗生活内容的文书，差不多都遗失海外或散失掉了。

从19世纪末到20世纪初的30多年时间里，到中国西部丝绸之路探险的外国人多达数十名，一方面，他们通过对丝路沿线遗址的发掘，带走了大量的文物与典籍，给中国的文化造成了巨大损失。另一方面，客观上增进了人们对古代丝路贸易与文化交流真实面貌的了解，使湮没了几个世纪的丝路重见天日，加快了丝绸之路原貌的浮现。

20世纪30年代，斯文·赫定在考察中国西北丝绸之路时，曾在给中国南京政府的备忘录中强调了复活古代皇家驿道的重大意义："这条路曾在若干世纪中把丝绸源源不断地运往西方。我们现在所以置身于荒原，就是为了要研究把中国内地和亚洲腹地连结起来的这条纽带，并找出如何改进或维修才能使它适应大规模的机动车交通。"他的想法在今天正在慢慢地实现。20世纪末，随着对这条古老商贸道路的重新认识，沿线各国加强了交通建设。1990年9月，中国兰新铁路通至新疆阿拉山口，在此与哈萨克斯坦的铁路接轨，从而贯通了一条东起中国连云港，向西经过哈萨克斯坦、俄罗斯、乌克兰、波兰、德国，最后到达荷兰鹿特丹港的铁路大通道。这是除了西伯利亚铁路以外的第二条亚欧大陆桥，全长10800公里，要比西伯利亚铁路缩短行距2000公里，可以大大节省运输时间和运输费用。从地理位置看，亚欧第二大陆桥的东端是包括中日韩等国的西太平洋地区，经济增长最强劲，西端是高度发达的西欧经济圈，中间则是资源丰富但相对落后的中亚、东欧地区，三个地区之间的经济呈现出不平衡的层次，如果通过加强合作充分利用这种互补性，将会极大地促进各个经济区的共同发展。那时一条崭新的国际商贸通道就会出现在人们眼前，现代化的物流、人流和知识流将取代原始的骆驼商队，这将是亚欧经济文化交流的又一座丰碑，也是古老的丝绸之路的伟大复兴。